을의 철학

을乙의 철학

초판 발행 2019년 3월 15일

지은이 송수진

펴낸이 조기흠
편집이사 이홍 / **책임편집** 송지영 / **기획편집** 최진, 박종훈, 박혜원
마케팅 정재훈, 박태규, 김선영, 이건호 / **디자인** [★]규 / **제작** 박성우, 김정우

펴낸곳 한빛비즈(주) / **주소** 서울시 서대문구 연희로 2길 62 4층
전화 02-325-5506 / **팩스** 02-326-1566
등록 2008년 1월 14일 제25100-2017-000062호

ISBN 979-11-5784-319-0 03100

이 책에 대한 의견이나 오탈자 및 잘못된 내용에 대한 수정 정보는 한빛비즈의 홈페이지나
이메일(hanbitbiz@hanbit.co.kr)로 알려주십시오. 잘못된 책은 구입하신 서점에서 교환해드립니다.
책값은 뒤표지에 표시되어 있습니다.

한빛비즈 홈페이지 www.hanbitbiz.com / 페이스북 hanbitbiz.n.book / 블로그 blog.hanbitbiz.com

지금 하지 않으면 할 수 없는 일이 있습니다.
책으로 펴내고 싶은 아이디어나 원고를 메일(hanbitbiz@hanbit.co.kr)로 보내주세요.
한빛비즈는 여러분의 소중한 경험과 지식을 기다리고 있습니다.

을의 철학

송수진 지음

HB 한빛비즈
Hanbit Biz, Inc.

늘 답답한 가슴을 부여잡고 20대를 살았다. 체한 것 같아 병원에도 가봤지만 원인은 알 수 없었다. 차라리 토악질을 해서라도 속에 뭉쳐 있는 답답한 이것을 입 밖으로 쏟아내고 싶었다. 매일 울렁임과 멀미에 취해 출근을 하고 퇴근을 했다. 상상해보라. 잠든 순간을 제외하고 온종일 버스에서 내리지 못하면 어떤 기분일지. 똑같은 오늘이 내일도 모레도 반복될 것이다. 살아 있다는 게 끔찍했다. 나는 그저 눈치보고 바짝 엎드려 숨만 쉬는 일상을 운명으로 받아들였다.

20대 내내 앓은 멀미나는 체기와 복통은 30대가 되어서도 사라지지 않았다. 시험대에서 벗어나고자 애를 썼지만 나는 그저 이름 모를 신경증의 거대 서사 앞에 선 나약한 인간일 뿐이었다. 30대로 접어들면서 어쩌면 40대의 나를 만날 수 없을지도 모른다는 생각을 했다. 나를 태운 버스는 점점 빨라졌고 토할 것 같은 멀미도 심해졌다.

퇴근길, 이미 저물어버린 하늘을 이고 집으로 돌아가는 길이었다. 굽은 허리를 한 채 땅을 훑으며 걸었다. 삶이 무거웠다. 순간 눈물이 왈칵 쏟아졌다. 그 자리에 주저앉은 채로 한참을 울었다. 차라리 돌아갈 곳이 없었으면 하는 생각이 들었다. 내가 '가야 할 곳'이 내가 '가고 싶은 곳'은 아니었다. 오늘 저 문을 열고 들어서면 더는 저 문을 밀고 나오지 말게 해달라고 기도했다. 나의 체기는 이제 내 목숨마저 위협할 지경이 되어버렸다.

　버스가 유독 거칠게 달리는 날이면 밥도 먹지 못하고 가슴을 움켜쥔 채 진정될 때까지 안간힘을 쓰곤 했다. 일상은 늘 피로했다. 조용히 머물 곳이 필요했다. 그때 막연하게 찾아간 곳이 도서관이었다. 아무 책이나 뽑아들었다. 천장이 높은 도서관에는 사람이 없었다. 넓은 책상에 앉아 책을 펼쳐들었다. 거기에는 낯설지만 아주 생소하지도 않은 인물의 이름이 적혀 있었다. 그렇게 꼼짝하지 않고 그 자리에서 마르크스의

《자본론》을 읽어 내려갔다. 마르크스는 '을'로 살아온 나의 상황을 정확하게 지적했다. 그의 텍스트는 내 정신을 관통했다. 온몸에 고압 전류가 흐르는 기분이었다. 일순간 체기가 내려간 기분. 막혔던 하수관이 뻥 뚫린 기분. 가슴속에 울린 '뭐지!'라는 외마디는 의문이 아니라 충격에 휩싸여 절로 터진 감탄사였다.

드디어 내 삶에 한 줄기 빛이 스며들었다. 가느다란 빛이 언 마음을 뾰족이 뚫고 들어왔다. 생각지도 못한 우연은 거센 물결을 일으켜 일순간 내 삶을 휘젓다가 20년간 빠져나오지 못한 버스 밖으로 날 던져버렸다. 밖으로 튕겨져 나온 나는 처음에 무슨 일인가 싶어 어리둥절했다. 몸을 일으켜 주위를 둘러보니 숲과 계곡이 보였다. 새소리가 들리고 나비 한 쌍의 비행곡선이 눈에 들어왔다. 숨이 쉬어졌고 속이 시원했고 허기가밀려왔다.

돌이켜 생각해보면 내가 그렇게 아팠던 건 철학이 없어서였다. 세상이 정한 방향이나 부모의 기대 말고 스스로 부여한 철학 말이다. 내 20대 전반을 지배했던 건 나에 대한 철학의 부재였다.

니체, 마르크스, 스피노자, 비트겐슈타인…. 이들이 대체 나와 무슨 상관이란 말인가. 과거의 나는 이들을 알지 못했고, 알 필요도 없었다. 이들과 나의 삶은 너무나 동떨어졌다고 여겼다. 맞다. 나는 철학을 사치라 여기며 정작 철학하는 사람들의 낱낱을 몰랐다. 이것이 내가 철학을 '사람'으로 배워가는 이유이기도 하다. 그들이 겪은 고뇌를 온몸으로 체험하면서 어제와는 다른 삶이 있다는 것을 알아가고 있다.

철학은 내게 세상을 보는 나만의 관점을 갖게 했다. 그 관점으로 나를 둘러싼 이 세상을 해석하게 해주었고, 결국 나를 이해할 수 있게 해주었다. 내 삶이 해석되기 시작하니 주변의 타인들도 눈에 들어오기 시작했다. 이처럼 철학은 때로는 눈물 나는 자각을, 때로는 처절한 반성을, 때로는 작은 실천을 하게 만들었다.

마르크스의 유물론적인 사고를 알게 된 후로는 '생각뿐인 삶'에서 벗어날 수 있었다. 바로 사회 복지와 철학 관련 공부를 시작했다. 결과는 중요하지 않았다. 일단 시작하는 것이 중요하다는 사실을 철학은 알려주었다.

이 글을 쓰면서 심연 속 찬연한 탄성을 몇 번이고 내뱉는다. 일상의 지옥이었던 버스에서 나를 끌어내린 것은 철학자들의 단독적인 삶이었다. 그렇게 내가 만난 삶의 기적은 지금도 서가 한구석에 조용히 잠들어 있다.

그동안 당연하게 여겼던 것들이 실은 당연한 게 아니었음을 알게 되는 일, 내가 철저하게 길들여져 왔음을 깨닫는 일, 이런 자각들은 내 삶과 철저하게 연관된다. '진짜'라는 명제가 붙으면 원래 삶은 아프기 마련이다.

　철학을 알고 난 후 내 삶은 다정해졌다. 나에게, 당신에게, 우리를 구속해온 모든 것에 대해. 이 책을 통해 당신도 지금 타고 있는 정신없는 그 버스에서 내릴 수 있었으면 좋겠다.

　멀미나는 삶과는 이제 안녕이다.

2019년 2월

송수진

1장

나는 왜 하필 자본주의 사회에서
태어난 것일까?

구조적
모순 앞에 선
나

 # 모순 I

20대 중반, 식품회사에서 영업 일을 할 때였다. 영업팀장이 내 구역까지 찾아와 작정한 말투로 물었다.

"오늘 신규는?"

"그게 아직….."

"오늘 뭐 했어?"

"계속 업체 방문 중이었….."

"야, 넌 영업하면 안 돼. 영업하라고 했더니 구걸을 하고 자빠졌어. 대리점 재고는 처리했어?"

"네, 그게 말은 했는데….."

"그렇게 말하면 픽이나 재고가 들어가겠다. 세게 나가야 된다고, 세게."

"죄송합니다. 제가 다시 말해보겠습니다."

"아니, 왜 말을 못 하냐고! 그거 하라고 너 데려다놓은 거야."

"죄송합니다…."

내가 맡은 식품은 유통기한이 짧았다. 재고가 쌓여 기한을 넘기면 다 버려야 하니 본사 입장에서는 예민한 문제였다. 재고가 쌓이도록 방치한 책임은 그 지역 담당자인 내게 있었다. 우리 물건의 시장 점유율이 낮아 회전이 안 된다느니 하는 말은 변명거리도 되지 못했다. 물론 내게도 책임을 전가할 방법은 있었다. 내가 맡은 대리점에 재고를 들이밀면 되는 것이다. "당신 물건이니 책임지고 파시오!" 하고 냅다 떠넘기면 일단 나는 편할 수 있다. 그러나 다음에 전개될 상황은 불을 보듯 뻔하다. 피해는 대리점 점주에게 고스란히 돌아간다. 본사의 횡포에 점주가 자살하는 사건이 어제오늘 일인가. 나로 인해 한 사람의 인생이 무너질지도 모를 일이었다. 생각이 여기에 미치자 나는 한 걸음도 옮기기가 힘들었다.

무거운 마음으로 도매점에 도착했다. 평소대로라면 상하차

하느라 분주해야 할 도매점이 무슨 일인지 조용했다. 들어가 보니 점장 혼자 앉아 있었다. 그는 빚 때문에 도매점을 청산할 예정이라며, 자신이 지금 어떤 심정인지 본사에 토씨 하나 틀리지 않게 잘 전하라고 했다. 나는 그에게 어떠한 말도 할 수 없었다. 그저 일단 이 모순에서 벗어나고 싶다는 생각만 들었다. 돌아서서 나오려는 그때, 점주가 물었다. "당신이라면 어떻게 할 것 같아?" 그의 물음에는 조소가 담겨 있었다. 도망치듯 그곳을 빠져나왔다.

> 억울한 마음이 없지는 않지만, 나는 이제 더 고독하게 그리고 나 자신을 심하게 불신하면서 나 자신에게 적이 되었고, 바로 나에게 고통을 주고 혹독하게 대했던 모든 것의 편을 들게 되었다. … 우리가 우리 자신의 사명에 대한 권리를 회의할 때마다, 우리가 그 어떤 일에서 좀 더 편안해지려고 할 때마다 주어지는 대답은 바로 '질병'이라는 것이다. 이것이야말로 기이하고 동시에 가공할 만한 일이 아닌가! 우리가 가장 힘겹게 보상해야만 하는 것이 바로 이러한 편안함이라면! … 우리는 전보다 더 무거운 짐을 지지 않으면 안 된다.[1]
>
> _프리드리히 빌헬름 니체Friedrich Wilhelm Nietzsche

회사에서 시키는 대로 하면 편할 수 있다. 하지만 그렇게 편안해지려고 할 때마다 니체 말처럼 '질병'은 찾아온다. 몸도 마음도 지쳐 있던 그때 니체를 알았다면 어땠을까. 나는 영업인이 될 자질이 없다며 자책했다. 상사가 바라는 영업인의 모습으로 내 가치관을 바꿀까도 생각했다. 지금 생각하면 다 부질없는 짓이다. 이 글을 당시에 접했더라면 나도 니체처럼 '실적 채우기'라는 허망함에 끌려다녔던 내 자신을 적으로 여기는 일을 그만뒀을까.

니체는 내가 길들여졌다는 자각을 하게 해준 동시에 나를 무척이나 힘들게 한 사람이다. 감히 그가 말한 대로 살 수는 없을 거라 생각해 경외하는 그의 그림자 뒤에 숨었다. 그를 존경한다는 것이 기쁘면서도 서글펐다. 완벽한 것을 마주한 순간 완벽해질 수 없는 자신의 한계를 느끼면, 기쁨과 함께 서글픔이 찾아든다. 니체는 내게 그런 사람이다. 나를 초라하게 하면서 나를 더 성숙하게 만드는 사람.

우리는 길들여졌다. "이 회사에 뼈를 묻겠다"며 입사한 동료의 얼굴에서 얼마 못 가 허무와 탄식의 메시지를 읽은 적이 없나. 나 역시 그런 일을 반복한다. 길들여진 우리는 조직을 위한 희생은 당연한 일이라고 착각한다. 그러나 얼마 못 가 자신의 감정 앞에서, 본질 앞에서 무너지고 만다.

난 정말 패배자였던 걸까. 아니면 그렇게 생각하도록 조종당한 걸까.

모순 Ⅱ

어느 겨울, 새로 들어온 직원을 환영하는 회식을 했다. 우리는
늘 그렇듯 말을 아끼고 먹는 데 온 신경을 집중했다. 그러나
술이 한두 잔 들어가자 떠들썩한 말들이 오가기 시작했다. 술
잔이 돌며 자리가 바뀌더니 새로 들어온 직원이 내 앞에 앉았
다. 그가 먼저 전 직장에서 나온 이야기를 꺼냈다. 겸업을 했
다는 이유로 상사와 불화가 있었으며, 회사 업무와 상관없는
겸업은 사칙 위반이었다고 했다.

> 지주와 자본가는 그들의 소득에 산업의 이익을 추가할 수
> 있지만, 노동자는 자신의 근로소득에 지대도 자본의 이자도
> 추가할 수 없다. 그런 까닭에 노동자들 사이에 경쟁은 격심
> 하다.[2]
>
> _카를 하인리히 마르크스Karl Heinrich Marx

마르크스가 1844년에 쓴 책《경제학-철학 수고》는 1932년
에야 일반에 공개되었다. 충분히 이해한다. 덕분에 나도 비루
한 내 모습을 인정하느라 아팠다. 이 책을 읽고 비로소 내 삶

을 이해할 수 있었다.

> 노동자의 생명이 달려 있는 수요는 부자와 자본가들의 기분
> 에 달려 있다.[3]

마르크스는 말한다. 노동자들에게 자본, 토지 소유, 노동의 분리는 필연적이고 본질적이면서 파괴적인 분리라고. 마르크스가 울부짖었던 이 '노동의 소외'를 나는 매일 본다. 그리고 매일 겪는다.

무역회사에 다닐 때다. 나의 업무는 무역 영업 관리였다. 아침에 출근하면 쏟아지는 서류들과 전쟁이 시작된다. 나는 조직의 매뉴얼대로 움직인다. 그런데 그 서류들은 내 서류가 아니며, 매뉴얼 역시 내가 정한 것이 아니다.

출근길에 1호선 지하철을 탄다. 용산에서 노량진을 넘어가는 구간 동안 창가에 기대어 63빌딩을 바라본다. 63빌딩을 지은 사람들과 63빌딩의 소유자는 별개다. 이게 마르크스가 말한 '노동의 소외'다.

철학자 발터 벤야민Walter Benjamin은 말했다. 집단적 수용 대상으로 적합한 것은 예로부터 건축이었다고 말이다.[4] 거대한 건축물이 있는 곳에는 늘 억압이 있다. 이 말을 들은 후로는 거대하고 웅장한 건축물 뒤에 숨겨진 아픔이 보인다. 예전에는 경복궁에 가면 그 경치에 심취하기 바빴다. 그러나 지금은 그 탄생의 역사를 그려본다. 눈앞에 그려진다. 하루 종일 벽돌을 짊어져야 했을 누군가들이.

구조적 모순의
늪에서
내가 본 것

진짜 적은 누구인가

참 이상했다. 방식만 다를 뿐 모순은 어디에나 존재했다. 착취를 합리적으로 정당화하려는 불합리, 사훈(기업 가치)과 배치되는 회사 관리자들의 표리부동한 잣대를 직장을 옮길 때마다 만났다. 진짜 적은 따로 있는데 정작 서로를 견제하고 다툼에서 헤어나지 못하는 것은 하위 구조에 속한 사람들이었다.

철학자들은 한목소리로 말한다. 대다수 피지배계급에는 고통스러운 현실을 견뎌내기 위한 환상들이 존재한다고. 그 환상들을 만든 게 바로 지배계급이다.

재고 돌려막기를 해야 하는 나와 재고 손실을 껴안아야 하는 대리점 점주들, 하위 구조에 속한 우리에게는 공통의 환상이 있었다. 바로 브랜드에 대한 신뢰였다. 본사에서 필요한 만큼의 수익과 나의 미래를 지켜줄 것이라는 믿음. 점주도 나도 같은 믿음이 있었다.

노인 복지 종사자들의 처우 개선에 관한 상담 일을 한 적이 있다. 상담의 목적은 최저시급도 못 받는 현장 근로자들의 목소리를 듣고 해결해주는 것이었는데, 노인 복지 종사자와 노인 복지 시설 간에는 적대의식이 팽배했다. 더 달라는 쪽과 덜 줘야만 하는 쪽이 서로 줄다리기에 몰두한 사이, 그들은 진짜 적이 누구인지 까맣게 잊어버렸다. 문제는 입법기관에 있었다. 관련 시설 설립이 신고제이다 보니 경쟁이 격화되어 노동 소외가 일어나고 있었다. 더욱이 노인 복지 종사자의 공단수가가 낮게 설정된 점이 문제를 키웠다. 하지만 상담을 받으러 온 사람 대부분은 이 문제에 관심이 없었다. 그들은 자신의 진짜 적이 누구인지 눈치채지 못했다.

철학자 루이 알튀세르Louis Althusser는 말한다. 현대 사회의 이데올로기는 우리를 호명된 주체로 만든 채 무의식까지 지배한다고. 진짜가 뭔지 알려 하지 말고 니들끼리 싸우라 한다고.

내 언어의 한계는 내 세계의 한계를 의미한다.[5]

_루트비히 비트겐슈타인Ludwig Josef Johann Wittgenstein

여기서 중요한 건 당사자들은 자신이 이데올로기에 갇혔다는 자각도 못 한다는 사실이다. 자각하려 해도 세상이 가만히 놔두지 않는다. 또 다른 프레임을 씌워 매도해버린다. 비트겐슈타인의 말처럼 그 시대에 통용되는 언어로 한계를 만들어낸다. 다수는 소수를 항상 같은 방식으로 지배해왔다. 뭉칠 수 없도록 철저히 분열시키고 나눈다.

> 어떤 시대에서나 지배계급의 사상이 지배적인 사상이다. 다시 말해서 사회의 지배적인 물질적 힘인 지배계급이 동시에 그 사회의 지배적인 정신적 힘이라는 말이다. 물질적 생산의 수단을 통제하는 계급은 그 결과 정신적 생산의 수단도 통제하고 있으며, 그에 따라 정신적 생산수단을 가지지 못한 계급의 사상은 대체로 물질적 생산의 수단에 종속된다.[6]
>
> _마르크스

마르크스는 우리가 현실을 직시하려면 이러한 환상을 걷어

낼 필요가 있다고 말한다. 환상 없이 있는 그대로 바라보자는 것이다. 유물론적인 직관으로 세계를 바라보는 것이 마르크스가 추구한 바였다. 그는 상황을 변화시키는 것은 헤겔의 절대정신도 역사적 이성도 아닌 '사람'이라고 믿었다. 사상이 아니라 사람이 역사를 만든다. 그렇다면 역사를 만들어야 할 사람들이 먼저 바뀌어야 한다고 말이다.

> '사상'은 결코 낡은 세계의 질서를 뛰어넘을 수 없으며, 단지 낡은 세계 질서의 사상을 뛰어넘을 수 있을 뿐이다. 사상 자체는 '아무것'도 실행에 옮길 수 없다. 사상을 실행에 옮기기 위해서는 실제적인 힘을 발휘할 수 있는 인간이 있어야 한다.[7]

한 개인의 역사도 마찬가지다. 나의 역사는 아무 일도 하지 않았다. 내 인생을 바꾼 것은 나의 선택들이었다. 그저 내가 어떤 행위를 하고 어떤 선택을 해왔을 뿐이다. 우연히 일련의 사건들을 만났고 그것을 해결해왔을 뿐이다. 마르크스는 혁명을 주저하는 노동자들에게 어떤 사상만이 아닌 함께하는 사람들이 그들의 편임을 보여주고 싶었던 것이다.

완충지대는 없다

철학자가 원하는 것은 진리가 아니다. 바로 세계의 모습이다. 세계가 어떤 모습을 하고 있는지, 그 윤곽을 따라 그려보고 싶은 것이다. 적어도 세상에 존재하는 것 중 하나는 자기 나름대로 해석해보길 바란다. 말 그대로 나름의 해석이므로 그것은 언제나 의인적 해석이나 구상이다. 철학자는 모든 일과 세계를 인간과 같은 것이라고 간주한다.[8]

_니체

2백 년 전 사람이 들려주는 메시지는 지금의 말과 무게가 다르다. "적어도 세상에 존재하는 것 중 하나는 자기 나름대로 해석해보길 바란다." 이 문장 덕분에 나도 내 인생을 해석해보기 시작했다. 해석하다 보면 모순을 만나게 된다. 그리고 알게 된다. 애매한 상태로 남을 수 있는 완충지대는 없다는 것을. 차라리 내 인생을 해석하기 전으로 돌아가고 싶을 수도 있다. 모르면 모르는 대로 완충지대에 머물 수 있다. 그러나 그러다 보면 살아갈 힘을 소진하게 된다. 나는 그랬다.

해석하겠다는 것 자체가 살아갈 이유였다. 해석되지 않는 삶을 산다는 건 죽은 삶을 사는 것과 같았다. 정답을 찾겠다는 게 아니다. 니체의 말처럼 정해진 답 같은 것은 없다. 내 삶의 정답은 내가 내 삶을 해석하면서 스스로 만드는 것이니까. 누군가가 만들어준 답은 내 것이 아니다. 설령 좋아하는 철학자가 정답을 알려준다 해도 그 자체가 내 삶의 정답은 될 수 없다. 그와 나는 다른 사람이다. 그저 내 삶을 해석할 때 적용하거나 참고하면 된다.

> 안이건 밖이건 만나는 것은 무엇이든지 바로 죽여버려라.
> 부처를 만나면 부처를 죽이고, 조사를 만나면 조사를 죽이고,
> 나한을 만나면 나한을 죽이고, 부모를 만나면 부모를 죽이고,
> 친척을 만나면 친척을 죽여라. 그렇게 한다면 비로소 해탈할
> 수 있을 것이다.[9]

_《임제어록 臨濟語錄》

모든 사람은 자신만의 철학을 가지고 있어야 한다. 그것이 설령 세상이 원하지 않는 것일지라도 자신이 원하면 자신만의 철학이 될 수 있다. 만나는 것은 무엇이든 다 죽이라는 임

제 스님의 말은 그런 뜻이다.

자기 삶을 해석해보자. 해석을 시작하는 순간 누구든 니체가 말하는 '철학자'가 된다. 내 마음이 내키는 대로. 완충지대에 모른 척 있다가는 세상의 탁류에 쓸려갈 수밖에 없다.

자본주의도
역사의
과정일 뿐이다

○

마르크스가 책을 쓴 이유

이런 상상을 해본 적이 있다. 나는 어떤 자세로 죽을까. 편안히 누워 있는 그림이 먼저 떠오른다. 사랑하는 이에게 업히거나 안긴 채 떠날 수도 있다. 그랬으면 하는 바람이다. 진정 원하는 것은 병상 위가 아닌 내 삶의 지극히 자연스러운 공간에서 무리 없이 생을 마감하는 것이다. 이런 생각을 하게 된 것은 마르크스 때문이다. 1883년 3월 14일, 그는 책상에 앉은 채로 생의 마지막을 맞이한다. 책을 쓰다가 조용히 눈을 감았다. 그의 저서《자본론》은 그렇게 태어났다.

그의 생애를 알면 알수록 궁금했다. 1883년, 마르크스의 건강 상태는 아주 나빴다. 평생을 추방당하며 도망치듯이 살았기에 가난은 그의 절대적 굴레였고, 당연히 몸이 성할 리 없었다. 그는 간의 격렬한 통증과 치통, 호흡기 질환, 류머티즘, 심한 두통 등에 시달렸다. 게다가 가난 속에서 그토록 지키고 싶었던 아내와 딸 '예니'가 죽은 지 얼마 되지 않아 정신적 충격도 만만치 않았을 것이다. 그럼에도 불구하고 그는 그 몸을 이끌고 책상에 앉았다.

계속되는 추방과 가난, 죽음도 그의 연구를 막지 못했다. 그는 대체 무엇을 그토록 알고 싶었고, 알리고 싶었을까. 그는 왜 그 힘든 연구의 여정을 시작했을까. 그 시작은 '인간에 대한 연민' 때문이었다. 그는 인간과 인간이 사랑의 유대를 맺으면 자본의 중심주의는 해체된다고 믿었다. 인간에 대한 연민. 물론 거기엔 자신도 포함된다. 누구보다 지독한 가난을 경험했으니까.

그가 추방당해서 찾은 영국은 전쟁에서 승승장구하고 있었지만 빈부 격차가 극심했다. 런던에 도착한 이후 그는 더 심한 가난과 직면했다. 자신에게 절대적으로 필요한 책, 담배, 옷뿐만 아니라 가족과 먹을 음식도 없었다. 돈을 빌려야 했고, 빚은 점점 늘어났다. 집세를 내지 못해 쫓겨나는 와중에 아들

'헨리 가이'는 폐렴으로, '에드가'는 결핵으로 죽는다. 그나마 그의 친구 엥겔스가 도와주기는 했지만 나중에는 그에게 돈을 부탁하는 편지를 부칠 돈조차 없었다.

> "프리드리히, 우리 아이가 오늘 새벽 1시 15분에 죽었다네. 아이는 심하게 고통스러워했네. 장의사를 고용할 돈도 없는 나는 생명이 사라진 그 어린 몸을 뒷방에 남겨두고 옆방에서 울었다네."
>
> _1852년, 마르크스가 엥겔스에게 보낸 편지 중에서

그럼에도 불구하고 그는 글쓰기를 멈추지 않았다. 아들을 잃은 슬픔 가운데서도 매일 대영박물관에 가서 경제를 연구했으며, 코너에 몰리면 몰릴수록 글을 썼다. 그러나 세상은 그에게 모질기만 했다.

영국에서 월간지를 발행했지만 판매는 부진했다. 이후 수차례 혁명과 관련된 기사를 타국에 보냈지만 추방당한 그의 글에 응답하는 신문사는 없었다. 더욱이 프로이센(당시 독일제국)에 살던 그의 친구들은 정당한 재판 절차도 받지 못하고

국가 반역 죄인으로 몰려 고통받고 있었다. 그런 친구들을 위해 글을 써서 출판사에 보내도 경찰의 손에 넘어가 버릴 뿐이었다. 마르크스가 느꼈을 절박함을 만 분의 일도 알 수 없지만 감히 상상하며 그의 책을 읽는다.

외투를 몽땅 전당포에 맡기는 바람에 추워서 외출도 할 수 없었던 마르크스였지만 사랑하는 딸들만은 지키고 싶었을 것이다. 겨울밤, 추워서 잠들지 못하는 두 딸과 고백 게임을 하면서라도. 게임의 룰은 간단하다. 딸들이 물으면 마르크스가 고백하듯이 답을 하면 된다.

딸들이 묻는다. "아빠가 좋아하는 이름은?"
"로라와 예니." 그는 딸들의 이름을 고백한다.
딸이 다시 묻는다. "아빠가 생각하는 행복이란?"
"싸우는 거야."
"그럼 아빠가 생각하는 불행은?"
"굴복하는 것이지."
"그럼 아빠가 가장 혐오하는 악덕은?"
"노예근성이야."[10]

참 일관성 있는 분이다.

여기서 인상 깊었던 건 그다음이다. 딸들이 다시 묻는다.
"아빠가 가장 좋아하는 경구는?"
"인간적인 것 가운데 나와 무관한 것은 없다."

나는 인간, 너도 인간, 마르크스도 인간이다. 인간의 문제는
인간으로 해결해야 한다. 어떠한 관념이나 자아도취에 빠져
서는 안 되며, 인간을 둘러싼 문제가 경제적인 것이라면 경제
에 대한 해석이나 분석이 곧 인간을 이해하는 열쇠라는 것을
마르크스는 알려준다.

> 인간을 인간으로서, 세계에 대한 인간의 관계를 인간적 관계
> 라고 전제한다면 그대는 사랑을 사랑과만, 신뢰를 신뢰만으
> 로 교환할 수 있다.[11]

마르크스는 신뢰에 집착했다. 나는 그런 마르크스를 붙들
고 계속 답을 갈구했다. 마르크스가 역사를 만드는 '사람'에
집착한 이유는 신뢰를 가지고 각자가 할 수 있는 변혁을 시도

을乙의 철학

하는 세상을 꿈꿨기 때문이리라.

　우연히 방송을 보다가 놀라운 은행을 하나 발견했다. 서울 용산구 동자동 주민들이 만든 '사랑방 은행'이다. 이곳은 기초수급자나 신용불량자가 되어 통장도 마음대로 개설하기 힘든 사람들이 모여 적은 돈이지만 서로 출자를 하고, 어느 정도 저금을 하면 보증이나 담보 없이 신용으로 대출이 가능하다.

　어려운 사람들끼리 외부 도움 없이 뭉친 것이다. 주민들이 출자자이자 조합원이고 이 은행의 주인이다. 기초수급비로 받는 50만 원 중 30만 원을 방세로 내고 나머지 20만 원으로 한 달을 살아야 하는 경우가 대부분이었다. 몸이 아파도 병원비가 없어 갈 수 없는 허망함. 그러나 이들은 자신의 생을 다시 붙잡았다. 바로 신뢰로 말이다.

　이제 그들은 오직 믿음으로 돈을 빌려주고 빌릴 수 있다. 그래서인지 이들은 빌린 돈을 무조건 갚는다. 그 신용 덕에 현재 출자금은 2억 5천만 원이 되었고 회원도 4백 명이 넘었다. 철학책으로만 접했던 신뢰를 이들은 직접 실현해냈다.

마르크스에 대한 오해

사람들은 마르크스를 특정 색으로 오해한다. 마르크스가《자
본론》을 쓴 이유는 자신을 둘러싼 세계의 경제적 운동 법칙을
알려주기 위해서였다.

> 현대 사회의 경제적 운동 법칙을 발견하는 것이 이 책의 최
> 종 목적이다. … 있을지도 모를 오해를 피하기 위해 한마디하
> 겠다. 자본가와 지주를 나는 결코 장밋빛으로 아름답게 그리
> 지는 않는다. … 경제적 사회구성체의 발전을 자연사적 과정
> 으로 보는 내 관점에서는, 다른 관점과는 달리 개인이 이런
> 관계들에 책임이 있다고 생각하지 않는다. 또한 개인은 주관
> 적으로는 아무리 이런 관계들을 초월하고 있다 하더라도, 사
> 회적으로는 여전히 그것들의 산물이다. … 나는 과학적 비판
> 에 근거한 의견이라면 무엇이든 환영한다.[12]

절로 위로가 된다. 그는 이런 관계들의 책임이 개인에게 있
다고 생각지 않았다. 그는 어디까지나 변화의 힘을 얻기 위해
사회를 변혁시키지 못하는 원인을 추적하고 탐구했을 뿐이

다. 그 신념 하나로 질병, 가난과 싸우며 10년간 글을 썼다. 유시민은 그의 책《부자의 경제학 빈민의 경제학》에서 마르크스를 이렇게 표현했다. "그는 자본주의를 비난했지만 상상으로 만든 이상사회를 꿈꾸지 않았고 동정심에 호소하지도 않았다"고 말이다.[13]

　마르크스의《자본론》을 무턱대고 읽자. 대충 읽어도 된다. 정해진 방법 같은 건 없다. 마음 내키는 대로 읽는 거다. 나 역시 고전을 읽을 줄 모르는 사람이다. 그냥 무턱대고 읽었다. 모르는 부분은 건너뛰며 계속 읽었다. 읽을 수밖에 없었다. 아무도 가르쳐주지 않으니까. 알고 싶었다. 자본주의의 역사를. 그렇게 마구잡이로 읽은《자본론》1권은 마치 자본이라는 주인공이 어찌 태어났는지를 묘사한 소설 같았다.

　　　화폐가 자본으로 전환되기 위해서는 화폐 소유자가 상품 시장에서 자유로운 노동자를 발견하지 않으면 안 된다. 여기에서 자유롭다는 것은 이중적인 의미를 지닌다. 즉, 노동자는 자유인으로서 자기의 노동력을 자신의 상품으로 처분할 수 있다는 의미와, 다른 한편으로는 그는 노동력 외에는 상품으로 판매할 다른 어떤 것도 가지고 있지 않으며, 자기의 노동력 실현에 필요한 모든 물건으로부터 자유롭다는 의미다.[14]

마르크스에 따르면 사람의 노동력이 상품이 되려면 두 가지 조건이 필요하다. 첫째는 노동자가 '자유로운 신분'이어야 한다. 너, 나, 우리는 자유로운 신분이다. 이 회사 저 회사에 다닐 수 있고 언제든지 그만둘 수도 있으니 말이다. 두 번째 조건은 노동자가 '생산수단'을 가지지 않아야 한다. 마르크스가 이야기한 생산수단은 기계나 원재료 등 상품을 만들기 위해 필요한 노동력 이외의 것들을 말한다. 다시 말해서 노동자가 자기 소유의 생산수단을 가지고 있으면 스스로 상품을 만들어 팔 수 있으니, 그것을 소유하지 않은 노동자만이 자신의 노동력을 팔 수 있게 되는 것이다. 이렇게 상품이 된 우리의 노동력은 교환가치에 따라 가격이 매겨진다. 마르크스는 그 교환가치에서 중요한 것을 '노동시간'이라고 보았다.

생각해보자. 기술 혁신이 일어난다. 그 기술 혁신으로 한 시간에 한 개 만들던 빵을 한 시간에 두 개씩 만들 수 있다. 그러면 자연히 빵 하나당 교환가치는 반으로 줄어들지만, 이전과 같은 가격으로 판매해야 한다. 자본주의는 가격 경쟁 사회니까. 그러면 새로운 기술을 확보한 자본가는 어떻게 할까? 더 많은 이윤을 얻으려고 심지어 가격을 낮춘다. 그러면 이번에는 상대 자본가가 필사적으로 따라잡기 위해 가격을 더 낮춘다. 그 결과 상품은 교환가치대로 팔리는데 이윤은 기술 혁신 전으로 돌아간다. 자본가가 기술 혁신으로 얻은 이윤을 가격 경쟁으로 잃는 것이다. 그 손해는 결국 노동자의 노동시간을 늘리거나 월급을 떨어뜨리는 방식으로 메워진다. 우리는 생산수단이 없으니까 말이다.

설상가상으로 기술 혁신은 노동을 단순하게 만든다. 노동의 수고를 줄여주고 누구나 할 수 있는 일로 전락하면서 월급은 더 떨어진다. 결국 노동력을 값싸게 만들기 위해 상품값을 내린다는 것이 마르크스가 밝혀낸 자본주의 운동 구조다. 마르크스에게 진짜 중요한 본질은 '누구를' 위한 기술 혁신인가 하는 점이었다. 기술 혁신은 노동자를 착취하고 굴려서 보다 많은 이윤을 얻기 위한 수단일 뿐이라는 것이다.

마르크스는 내가 생산수단이 없어서 이 회사 저 회사를 전

전했다는 자각을 하게 했다. 그런데 아프지 않다. 마르크스를 만나고 나를 모순으로 몰아넣는 세상의 존재를 정확히 인식하되, 세상이 시키는 대로만 살지는 말자고 스스로에게 제안하면서 나는 해방되었다. 내가 스스로 가둔 감옥으로부터.

마르크스와
니체가
세상을 읽는 방법

조금 위험할 수 있는 관념론

회사에서 교재 주문 일을 할 때였다. 오후 3시. 한창 바쁠 때 회사 이름으로 작은 택배가 하나 왔다. 마침 전날 교재 포장용 종이 상자를 주문한 기억이 났다. 전날 전화 통화에서 상자 가게 직원은 도착할 물건이 운동화 상자보다 조금 크고 무게도 충분히 혼자서 들 수 있는 수준이라고 했다. 택배 상자를 들어보니 내가 생각했던 그 무게였다. 당연히 주문한 상자일 거라 생각하고 대수롭지 않게 택배 상자를 빈 공간에 두고 다른 업무를 정신없이 처리한 후 퇴근했다.

 다음 날 상사는 반품 책을 처리하라고 지시했다. 그러나 나는 상사에게 저것은 반품 책이 아닌 '포장용 종이 상자'라고 약 5분간 당당히 말했다. 그런데 잠시 후 혹시나 싶어 본 택배 송장에 '반품 책'이라고 적혀 있는 것이 아닌가. 포장용 상자는 아직 도착하지 않았던 것이다.

관념론이 위험한 건 바로 이 때문이다. 어떤 관념(포장용 상자는 이 정도 크기와 무게라고 했다)이 현실(내 앞에 있는 것은 포장용 상자다)을 만들어낸다는 관점이 관념론이다.

마르크스가 살던 시대에는 관념론이 팽배했다. 예를 들면 "중력이 있다고 생각하니 물에 빠지는 것이다" 뭐 이런 식이다. 그럼 중력이 없다고 믿으면 물에 빠지지 않을까.

마르크스는 자신의 책《독일 이데올로기》에서 이 점을 비판했다. 당신이 중력이 있다고 믿든, 없다고 믿든 현실 세계에는 중력이 존재한다. 따라서 중력을 이길 수 있는 수영 기술을 배우지 않으면 누구든 물에 빠진다. 이게 유물론이다.

청년들에게 "당신이 취업난이라고 믿으니까 스스로 위축돼서 취업이 더 안 되는 거야. 그러니 해결책은 있다고 간절히 믿어야 해"라고 말하는 게 과연 해결책이 될 수 있을까. 실업의 관념을 없앤다고 실업이 사라지지는 않는다. 문제의 본질은 현실에 대한 안일한 망상이 아니라 빈곤을 양성하는 사회의 구조를 바꾸는 것이다. 그 현실에 맞서 개혁을 이루자는 게 마르크스식 유물론이다.

나는 지금 당장 내가 할 수 있는 게 뭐가 있겠느냐고 자책하던 사람이었다. 그냥 내 위치에서 내가 할 수 있는 것들을 하면 되는 거였는데 말이다. 나에게는 지배계급이 만들어놓은 담론에 속지 않는 것이 그 시작이었던 것처럼 자기 삶 속에서 은폐된 것들을 알아가는 것이 진짜 시작이다.

니체가 세상을 읽는 방법

정말 피곤할 때면 심한 가위에 눌린다. 분명히 눈을 뜨고 내 방의 사물을 볼 수 있는데 몸은 전혀 움직여지지 않는다. 손가락 하나 까딱할 수 없다. 내 의지는 전혀 통하지 않는다. 심지어 내가 누워 있는 침대가 공중으로 뜨기도 하고, 옆에 있던 방석이 갑자기 용솟음치면서 어떤 검은 물자체物自體가 되어 나를 짓누르기도 한다.

이렇듯 내 머릿속이 만들어낸 말도 안 되는 상황을 직접 경험하는 것이다. 이걸 5분 정도 겪다 보면 이러다 진짜 죽는 게 아닐까 하는 강력한 두려움에 직면한다. 그때부터는 살기 위한 전쟁이 시작된다. 있는 힘껏 옆방에서 자고 있는 엄마를 부르지만 들릴 리가 없다. "나 좀 살려줘…." 이건 공허한 메아리일 뿐이다. 누구도 나를 도울 수 없다. 방 안에 있는 사람은 나뿐이며, 그 환상을 만든 것도 바로 나다. 그게 사람을 미치게 한다.

정신을 차리려 안간힘을 쓴다. 내가 이 상황을 만들었으니 종료도 내가 한다는 마음으로 온 신경을 모아 손가락 끝에 집중한다. 겨우 손가락 하나를 움직이는 순간 피가 돌기 시작하면서 거짓말처럼 몸이 풀린다. 모든 상황이 허무하게 종료된다. 방금 전까지 내가 본 것은 다 뭘까. 꿈은 분명 아니다. 처음부터 끝까지 생생하게 기억하니까. 용솟음쳤던 방석도 침대도 그 자리에 있는 걸 보면 소름이 돋는다.

나는 이런 질문에 봉착한다. 가위에 눌리면서 본 세계와 맨정신으로 보고 있는 세계 중 과연 어느 것이 진짜일까? 아마임마누엘 칸트Immanuel Kant는 가위 눌려서 보든 맨정신으로 보든, 어느 경우든 진정한 세계가 아니라고 답할 것이다. 칸트가생각하는 진정한 세계란 내가 무엇으로 보는지와 관계없이무관하게 존재하는 물자체의 세계다.

반면 니체라면? 니체는 가위에 눌려 본 세계도, 맨정신으로본 세계도 다 진정한 세계라고 했을 것이다. 어쨌든 보았으며두 세계를 다 경험했으니. 대신 이렇게 물을 것이다. 그 두 세계 중 과연 어느 쪽이 당신의 삶에 더 적합하냐고. 내가 가진'힘에의 의지'에 더 잘 부합하는 세계를 살아가라고 할 것이다. 그래서 니체를 좋아한다.

니체는 현상세계 너머의 보이지 않는 실체에 함몰되지 말자고 한다. 추상적인 세계에 빠지느라 자신의 현상세계와 현

실의 삶을 살지 못하기 때문이다. 계속 그러다 보면 허무주의
에 이를 수 있다.

> 세계의 가치는 우리의 해석 속에 있다는 점(단순한 인간적 해
> 석 이외에 다른 해석들도 어디선가 가능하다는 것), 지금까지의 해
> 석들은 우리가 힘을 증가시키기 위해 생명, 즉 힘에의 의지를
> 보존할 수 있도록 해주는 관점주의적 평가들이라는 점, 인간
> 의 모든 향상은 편협한 해석들의 극복을 수반한다는 점, 힘의
> 강화나 증가는 새로운 관점들을 열어놓고 새로운 지평들을
> 믿게 한다는 점, 이런 생각이 나의 저작들을 관통하고 있다.[15]
>
> _니체

니체는 다른 세계가 존재한다는 것을 알자고 말한다. 또한
자신만의 세계를 해석할 때 힘을 강화하거나 증가할 수 있어
야 하고, 자신의 세계를 극복하면 새로운 지평들이 보인다고
말한다. 그러니 잊지 말자. 우리가 지금 머무는 세계가 끝이
아니다. 다른 세계들을 만들어갈 '힘에의 의지'가 우리 모두에
게 있다. 부디 있다고 믿자. 그렇게 천천히 새로운 지평을 열
어가자.

자본주의에서도 공생할 방법이 있다

_마르크스식 해법

생산수단의 사회화

마르크스는 이것을 '이윤 제일주의의 전환'이라 불렀다. 자신의 이익을 모두의 이익으로 변환하자는 것이다. 이게 무슨 소리냐고 하겠지만, 지금도 이런 정신을 추구하는 사람들은 존재한다.

꼭 개인이 소유해야만 잘 돌아갈까? 지금의 시스템이 좋다고 느끼는 것은 우리가 그 안에 살고 있기 때문이다. 세상에는 다른 시스템도 존재한다. 우리끼리 자립할 수 있는 협동조합과 사회적 기업이 바로 그것이다. 광고라 생각하고 지우려던 찰나에 두 눈을 사로잡은 메일이 있었다.

저희는 사회적 기업입니다.

사회적 약자 계층의 사람들, 장애인들과 함께 일하는 인쇄 업체였다. 이곳은 인쇄하기 위해 고용하는 것이 아니라 고용하기 위해 인쇄하는 기업이었다. 순간 얼마나 그 기업이 부러웠는지 모른다.

책을 읽다가 미치도록 부러워한 사람이 또 있다.《시골빵 집에서 자본론을 굽다》의 저자 와타나베 이타루다. 블랙 기업(성장만을 노리고 직원에게 과다 업무와 불법 노동을 강요해 스스로 그만두도록 유도하는 기업-편집자 주)에 다니던 저자는 작더라도 진짜 자기 일을 하고 싶어 퇴사한다. 농사를 동경했지만 막상 농업의 현실은 자본의 논리에 좌지우지되고 있었다. 농업을 다시 살리려면 이 세계를 지배하는 시스템 밖으로 나가야 했다. 시스템 밖으로 나가는 게 과연 뭔지, 두근거리는 심장을 부여잡으며 글을 읽은 기억이 있다.[16]

그를 도운 건 마르크스였다. 마르크스 책을 탐독한 후 그가 선택한 방법은 시골에 빵가게를 차리는 것이었다. 평범한 선택 같지만 나름의 원칙이 있었다. 엄선한 재료를 사용해 정성

들여 빵을 제대로 만들 것, 그리하여 그 대가를 정당한 가격으로 정할 것, 제빵사는 충분한 휴식을 취할 것. 이거면 된다. 충분한 휴식을 취하면서도 돈을 벌 수 있다고? 이게 가능한 이유는 그가 시골로 갔기 때문이다. 시골은 임대료가 저렴하니까. 그렇게 마련한 생산수단으로 그는 마르크스가 밝혀낸 자본주의 구조 바깥에 설 수 있었다. 일본에 간다면 그의 빵을 아주 비싼 가격에 사먹고 싶다.

당신의 귀중한 시간을 어떻게든 사수하자

사랑하면 알고 싶어진다. 나의 자매이자 정신적 지주인 그녀는 그런 존재다. 어릴 때부터 춤을 추고 예술을 하던 그녀가 참 좋았다. 어쩌면 평범한 나와는 다른 길을 걷는 그녀를 동경했는지 모른다. 그런 그녀에게 내가 늘 하는 말이 있다. "너는 마르크스가 원하는 노동을 하고 있구나."

동생은 방과 후 교사다. 아이들에게 춤을 가르치고 있다. 초등학생부터 고등학생, 비장애인, 장애인 할 것 없이 그 대상도 다양하다. 일하는 장소도 다양하다. 학교에서 가르칠 수도 있고 학원에서 가르칠 수도 있고 기관에서 가르칠 수도 있다. 그녀에게 춤은 예술이자 아주 유용한 생산수단인 것이다.

노동력이라는 상품을 사는 사람이 자본가고 그 교환가치가 임금이라면, 그녀는 시간 대비 아주 높은 교환가치를 지니고 있는 셈이다. 더군다나 상품을 사는 자본가가 역으로 눈치를 보게 한다. 대체하기 어려운 영역이니까. 학원에서 수강생을 많이 잡고 있는 강사가 갑자기 그만둔다면 그 피해는 원장이 고스란히 입는다. 학교도 마찬가지다.

물론 방과 후 교사의 처지가 다 그녀 같지는 않다. 나도 자격증까지 따서 방과 후 교사에 도전한 적이 있는데 쉽지 않았다. 내가 진행하려던 독서 토론 수업이 하락세이기도 했지만, 더 큰 문제는 방과 후 수업 시장에 민간 업체가 난립해 노동 소외가 일어나고 있었다. 프리랜서를 꿈꾼다면 철저한 시장 조사와 나만의 생산수단 구축이 필요하다는 걸 배웠다.

사실 정말 부러웠던 건 동생의 근무 시간이었다. 그녀는 하루에 네다섯 시간 일했다. 오후에 아이들을 가르치고 남는 시간은 온전히 그녀의 것이었다.

프리랜서가 되지 않을 거면 '9 to 6'라도 지켜야 한다. 출퇴근 시간에 대해서는 나도 할 말이 없다. 그저 치열하게 고민 중이다. 잊지 말아야 할 것은 우리에게 중요한 건 '시간'이라는 사실이다. 야근이 많은 일을 하고 있다면 이직을 고민하자. 생계 때문이라면 소비를 줄여서라도 시간을 벌어야 한다. 다시 자기만의 생산수단을 확보할 시간이 필요하니까.

> 임금 노동자의 시간은 돈이다. 그가 잃어버리는 일 분 일 분은 자본가가 훔치는 도둑질과 같다.[17]
>
> _폴 라파르그Paul Lafargue

나만의 생산수단을 소유하자

> 개인들은 각자 자신의 삶을 표현하는 방식에 따라 존재한다.
> 따라서 그들이 어떤 존재인가 하는 것은 그들의 생산, 다시
> 말해서 그들이 무엇을 생산하는가, 그리고 어떻게 생산하는
> 가와 일치한다. 그러므로 개인이 어떤 존재인가 하는 것은 자
> 신의 생산에 부여된 물질적 조건에 달려 있다.[18]

마르크스는 자기 생의 존재 자체를 판단하게 하는 건 '내가
하는 생산'이라고 했다. 어쩌면 요즘은 마르크스가 말한 생산
수단을 개인이 더 쉽게 가질 수 있는 세상이기도 하다. 단순히
자본, 기계만 이야기했던 19세기 그 시절과는 양상이 다르니
말이다. 21세기에는 어떤 지식이나 경험, 노하우가 생산수단
이 될 수 있다. 그리고 역설적이게도 4차 산업혁명 시대의 기
술혁신은 개인이 다양한 생산수단을 창조하도록 도와준다.

대표적으로 SNS가 그렇다. 요즘 사람들은 자신이 일상에
서 경험한 것을 정보성 자료로 만든다. 그리고 그 정보가 쌓이
면 그걸 보기 위해 사람들이 몰린다. 1인 콘텐츠 스타트업 시
장이 늘어나는 이유이기도 하다. 한 달에 평균 2천만 명이 사

용하다 보니 유튜브 크리에이터도 직업이 된다. 수익원도 다양해졌다. 청취자의 기부뿐만 아니라 광고 영상 제작, 라이선싱, MCN(디지털 엔터테인먼트)도 등장했다. 시청자들이 영상을 볼 때 자연스럽게 광고가 노출되고, 광고 수익은 영상 제작자에게 배분된다. 마르크스가 살던 시대의 기술혁신은 노동자를 풍족하게 만들어주지 않았지만, 그가 예측한 대로 사회는 변증법적 유물론 방식으로 나아가기 마련인가 보다.

그러니 우리도 늦지 않았다. 지금이라도 생산적인 일을 하자. 주위를 둘러보면 고맙게도 타인에게 기회를 주려는 사람들이 존재한다. 지극히 평범한 나도 그들을 믿고 이렇게 글을 쓰고 있다. 에리히 프롬Erich Fromm은 말한다. 자신이 죽는다는 불안에 대처하는 가장 훌륭한 방법은 창조적 생산이라고. 창조는 고통을 수반하지만 그만큼 자기 생산성은 증폭된다고. 관심 분야를 자신만의 생산수단으로 창조하려는 시도라도 하자. 시도조차 하지 않으면 관성은 금방 드러나게 마련이다. 사실 이것은 내 자신에게 하는 말이다.

노동이 분화되자 각 개인은 하나의 일정한 배타적 영역을 갖게 되고, 이 영역이 그에게 강요되기 때문에 그는 이것을 벗어나지 못한다. 그는 한 사람의 사냥꾼, 한 사람의 양치기, 한 사람의 어부 혹은 한 사람의 비평가이며, 그가 그의 생계수단을 잃지 않고자 하는 한 계속 그렇게 살아가야 한다. 이에 반해 아무도 배타적인 영역을 갖지 않고 각자가 원하는 어떤 분야에서나 스스로를 도약시킬 수 있는 공산주의 사회에서는 사회가 전반적인 생산을 조절하기 때문에 사냥꾼, 어부, 양치기 혹은 비평가가 되지 않고서도 그가 마음먹은 대로 오늘은 이것을, 내일은 저것을, 곧 아침에는 사냥을, 오후에는 낚시를, 저녁에는 목축을, 밤에는 비평을 할 수 있게 된다.[19]

_마르크스

분업에서 벗어나야 한다. 분업에 속한 자신을 낯설게 봐야 한다. 자기 삶을 낯설게 보는 연습을 하자. 견디기 힘들 만큼 자기 삶을 해석하고 반성하고 직면해야 한다. 그게 철학인 것 같다. 마르크스가 좋으면 마르크스 시선으로 자기 삶을 해석하자. 그리고 떠나자. 쿨하게. 마르크스에 사로잡히지는 말자. 그저 자기 삶을 낯설게 보게 해주었다면 끝이다. 철학은 직면이다. 철학은 우울을 직면하게 하고 오늘의 비루함을 직면하게 하고 낯선 삶을 직면하게 한다.

2
장

우리는 속았다

경쟁에
길들여진
우리

경쟁

같이 있으면 편한 사람이 있었다. 그는 나와 같은 영업팀 동료
였고, 우리는 비밀 연애 중이었다. 매일 아침 우리 팀은 각자
어느 지역으로 갈지 회의를 했다. 다들 실적이 잘 나올 만한
지역으로 가기 위해 혈안이 되곤 했다.

그러나 그는 항상 뒤에 서 있었다. 다른 사람들이 자신의 입
맛에 맞는 지역을 다 고른 후에 남겨진 지역으로 갔다. 늘 그
랬다. 실적이 좋을 리 없었다. 어느 날 그에게 물었다. 특별히
그러는 이유가 있느냐고. 자신까지 나서고 싶지는 않다는 게
그의 이유였다. 나는 그와 한 조가 되어 영업을 나갔다. 그런
그가 좋았다. 실적에 목매지 않는 그, 남들과 같은 생각을 하

지 않는 그가 편했다.

반면에 다른 이와 조를 이루어 나가면 항상 긴장의 연속이었다. 상대가 초조해하기 때문이었다. 실적이 자신의 월급과 직결되기도 하지만 더 큰 이유는 따로 있었다. 누가 시키기라도 한 듯 우리들끼리 실적 경쟁을 하기 때문이었다. 각자 다른 지역에 배치되어 있어도 수시로 전화가 왔다. 그 지역은 지금 몇 개나 팔았냐고. 이런 질문의 의도는 뻔하다. 상대방의 속도에 자신의 속도를 맞추겠다는 거다.

하지만 그는 달랐다. 그와의 영업은 뭉클한 그림 한 장으로 남아 있다. 그에게 '진짜 영업'에 대해 많이 배웠다. 그는 어떤 강요도 하지 않았다. 그저 즐기라고 할 뿐. 날씨가 좋으면 좋은 대로 아니면 아닌 대로 즐기자고 말이다. 우리의 영업은 사람들에게 좋은 제품을 전달하는 거지 판매를 강요하는 게 아니라는 것이 그의 철학이었다.

다른 동료들은 고객을 붙들고 시음 제품을 더 주겠다, 사은품도 좋은 걸로 주겠다며 계약할 때까지 달려들곤 했다. 놀이터에서 만난 아이 엄마가 남편에게 물어봐야 한다고 하면 직접 전화를 걸어서라도 자기 앞의 고객을 놓치지 않았다. 그렇게 고객들을 옴짝달싹 못 하게 하는 풍경의 연속이었다.

특수 이익과 공동 이익 사이에는 모순이 존재한다. 개인들은 특수 이익만을 추구하고, 그와 동시에 공동 이익은 하나의 환상적인 공동체로서의 성격을 갖는다.[20]

마르크스의 표현을 빌리자면 회사는 "실적이 곧 인성"이라는 표현으로 '환상적인 공동 이익'을 만들어 직원들에게 던졌다. 동료들은 회사가 만들어놓은 실적 시스템의 상위권을 차지하려는 개인의 특수 이익으로 맞대응한 셈이다. 조급함만 가지고. 그래서인지 처음에는 실적이 없던 우리 조가 시간이 지나자 계약 지속력이 가장 오래가는 조가 되었다. 다른 조의 단기 실적은 상위권이었으나 시간이 지나면 계약이 파기되기 일쑤였다. 차이는 바로 철학의 유무였다.

인간의 본질을 만드는 것은 대답이 아니라 질문이다.[21]

_프롬

프롬은 '질문'이 인간의 본질을 만든다고 보았다. 질문이 거창할 필요는 없다.

평상시 놓쳤던 것들에 관한 질문을 천천히 자신에게 던지면 된다. 가령 "경쟁이 과연 최선인가?" 같은 질문들. 내가 동료와는 다른 '그'를 발견했듯이 말이다. 삶을 낯설게 보는 연습을 하자. 낯설게 보는 사람만이 낯선 사람을 발견하고 어제와는 다른 삶을 살 수 있다.

나를 다시 살게 하는 동일시

"부러우면 지는 거다"라는 말이 있다. 과연 그럴까? 누군가를 부러워하는 것은 지극히 정상적인 감정이다. 인간 본연의 감정이기도 하고. 한데 이 부러움의 감정을 가진 주체가 왜 '패자'가 되어야 하는 거지? 처음 이 말이 커뮤니티에 돌아다닐 때 머릿속은 온통 이 의문으로 가득 찼다. 타인을 부러워하는 감정이야말로 솔직하고 자연스럽다. "부러운 것이 지는 것"이라면 부러운 감정을 속여야만 '승리자'가 된다는 논리인데, 아무리 생각해도 맞지 않는다.

나에겐 늘 '부러운 타자'들이 있었다. 있었던 정도가 아니라 정말 많았다. 어린 나이에 벌써부터 자신만의 소신이 있는 친구도 부러웠고, 내성적인 나와 달리 남을 잘 리드하는 친구도 부러웠다. 웃는 모습이 예쁜 친구도 부러웠으며, 춤 잘 추는 DNA를 타고난 사랑스러운 내 동생도 부러웠다. 자신의 삶에 '두렵지만 기꺼이 용기를 내는' 사람들이 나는 부럽다. 나에게 부러움이라는 감정은 지그문트 프로이트 Sigmund Freud 가 말한 동일시의 감정과 같다.

프로이트는 아인슈타인에게 보낸 편지에서 전쟁을 막을 수 있는 감정적 유대를 '동일시'라고 했다.[22] 일단 동일시가 되면 당신의 일이 내 일이 되고 당신의 삶이 내 삶과 겹친다. 단순히 표현하자면 존경, 동경 같은 거지만 이건 무척 신비롭고 기분 좋은 과정이다. 동일시하고 싶은 대상을 마음에 품으면 사는 게 더 이상 두렵지 않다. 혼자가 아니니까.

동경하는 대상이 한 말이나 행동들을 자신의 삶에 적용하고 어제와는 다른 삶을 사는 것이다. 그 사람의 좋았던 모든 점을 내 삶에 붙이다 보면 어느새 나도 그토록 동경하는 인간의 모습이 되어간다. 그 과정은 설렘으로 가득하다.

흠모하는 배우가 있다. 최근에 그 배우와 작업을 같이한 감독이 제작보고회에서 이런 말을 했다. 그것도 해맑은 아이의 표정을 하고서.

"저는 착한 사람들이랑 일하고 싶어요."

감독은 그 배우와 함께한 시간의 서사를 저 한 문장으로 정리했다. 나 역시 같은 이유로 그를 좋아한다. 같이 있으면 덩

달아 나까지 기분 좋아지는 사람들이 있다. 부러운 타자들이다. 그런 이들을 동경한다.

만나는 동안만큼은 타인을 편안하게 해주는 사람들. 적당히 남의 눈치도 봐주던 사람들. 그러다 보니 자연스레 타인에 대한 배려가 나오는 사람들. 그러면서 더 멋있어지는 사람들. 남들은 가식이다 뭐다 수근거려도 시간이 지나면 진심이었음을 저절로 알게 되는 사람들. 그래서 보고 싶은 사람들. 심지어 보고 있어도 보고 싶은 사람들. 더 잘되었으면 하는 마음이 절로 생기게 하는 사람들. 진심 어린 응원을 부르는 사람들. 그 사람 웃음소리만 들어도 행복해지게 만드는 사람들. 이런 사람이 많았으면 한다. 이런 사람들과 일하고 싶고 삶 전반을 마주하고 싶다.

> 사랑이 자기중심적인 것이 되는 순간 사랑은 자신의 생존 요소에서 이탈한다.[23]
>
> _바뤼흐 스피노자 Baruch de Spinoza

자기 검열에
길들여진 우리

지옥

> 회사 안이 전쟁터라고? 밖은 지옥이다.
>
> _드라마 〈미생〉 중에서

정말 밖은 지옥일까? 밖에 많이 나돌아 다녔다. 조직에 들어갔다가 나오기를 수없이 반복했다. 사람들은 그런 나를 패배자라고 불렀고, 그것도 하나 버티지 못하는 무능력자라 여겼다. '네 인생은 실패했다'고 치부해버렸다. 내가 상상했던 나의 봄은 초조함과 동동거림 앞에서는 보이지 않았다.

그중에서도 진짜 지옥은 사무실이었다. 화장실 가는 것조차 눈치 보는 지옥. 자리도 밀리고 연봉도 1천만 원이나 깎였는데 계속 앉아 있어야 하는 부장님의 한숨을 바로 옆에서 지켜봤다. 그 미칠 것 같은 마음을 오직 '밖은 지옥'일 거라는 보이지 않는 두려움 때문에 버티는 모습을 무수하게 봐왔다.

정규직은 어쩌면 제일 위험하고 불안정하다. 10년 다닌 직장을 한순간에 집어치우는 걸 바로 옆에서 목도했다. 뭐가 안전하다는 걸까. 언제 터질지 모를 폭탄을 각자의 품안에 장착한 침묵의 시위 현장이 안전하다고? 어차피 삶 자체가 비정규직 아닌가.

"여기서 못 버티면 넌 어디에도 설 자리가 없어."

퇴사하려는 사람들에게 주변에서 쉽게 하는 말이다. 여기서도 못 버티면 다른 데서도 못 버틸 거라고. 철학자들의 말을 빌리자면 이것은 몸의 철학을 철저히 무시하는 반인간학적인 말이다. 나는 이 말을 믿지 않는다. 지금 있는 곳에서는 5분도 견딜 수 없지만 다른 곳에 가면 50년도 살아낼 수 있다.

여기서 못 버틴다는 것은 여기서는 내 리듬, 내 생리가 어긋났단 뜻이다. 어서 탈출하고 쉬어야 한다. 계속 미련하게 버티

다가 죽거나 다시 일어서지 못할 수도 있다. 기억하자. 최소한 내 리듬으로 일단은 살자고.

한 걸음도 떼기 어려울 만큼 힘든 순간, 하필이면 그때 아무도 나를 도와줄 상황이 아니라면 더더욱 정신을 똑바로 차려야 한다고 내가 좋아하는 철학자들은 말했다. 주변의 어떤 것도 의존하지 말고 혼자 고민하라고 말이다. 그런 시간도 필요하다. 혼자 방황하고 혼자 결정하자. 그 누구도 없는 상황을 즐기자. 오히려 강해지는 자신을 발견할 수도 있다.

행복은 멀리 있는 것의 순간적 다가옴이다.[24]

_벤야민

벤야민이라는 철학자가 있다. 나치에 반대하다가 스스로 목숨을 끊었고, 전체주의와 자본주의가 우리의 삶을 불행하게 한다고 누구보다 맹렬히 비판했던 사람이다. 그런 그가 말한 행복의 정의는 "멀리 있는 것의 순간적 다가옴"이었다.

멀리 있어 자신과는 상관없을 거라고 생각했던 것들이 순간적으로 다가온 적이 있는가. 나는 문득 나에게 말을 걸 때가 있다. 공부를 하다가 공책에 나도 모르게 무언가를 끼적일 때

을乙의 철학

도 있고, 평소에 못 할 것 같다고 생각한 것을 어느 날 아무렇지도 않게 하고 있는 자신을 발견할 때도 있다. 그 어떤 저항도 없이 그저 그렇게 되어버리는 순간이 있다.

글을 쓰는 일이 해방감이자 자가 치유라는 것을 알게 되었을 때, 채식주의자로 사는 것도 괜찮겠다는 생각이 들 때, 커피 한잔에 웃는 자신을 발견했을 때, 더는 놀라지 않을 수 있다. 이미 자신을 알아버렸으니 놀라지 않을 수밖에.

반생명적인 공부

3년 가까이 수험생 생활을 한 적이 있다. 당시 나의 공부 방법은 반생명적이었다. 자기 검열의 시작과 끝이었다. 새벽까지 스마트폰으로 시험 관련 카페에 들락날락거리느라 잠을 제대로 자지 못했다. 그나마도 반복되는 악몽으로 설쳤다. 그래도 아침 7시면 일어나 도서관에 가는 시늉이라도 해야 했다. 거기 가서 자더라도 말이다. 아침부터 내가 나를 검열하고, 눈앞에 보이지도 않는 다른 수험생들을 견제했다. 아무 말도 하지 않는 가족들의 눈치를 먼저 살폈다.

　서른이 넘어서까지 반복된 이 생활에 지칠 법도 했지만 어쨌든 나는 일어나야만 했다. 밥을 대충 챙겨 먹은 뒤 가방에 백과사전 두께의 책 다섯 권을 넣고 집을 나섰다. 무거울수록 좋았다. 가슴속 부채의식이 줄어드는 듯했으니까.

　도서관까지는 걸어서 5분. 바로 집 앞에 있는 도서관이 과연 좋기만 했을까. 다시 말해 하루에 10분도 걸을 수 없는 환경이기도 했다. 지금 생각하면 잠시 나가서 걸으면 되는 거였다. 마침 도서관 옆에 공원도 있었다. 그러나 나는 걷지 않았다. 아니, 걷지 못했다. 내가 나에게 허락하지 않았으니까. 지긋지긋한 자기 검열. 누가 나를 지켜보기라도 하는 냥 산책도 하지 못했다.

내 몸에서는 어떤 일들이 일어났을까? 동양철학에 따르면 생명이 원하는 건 오직 순환과 운동이다. 《동의보감》에 '수승화강水昇火降'이라는 개념이 나온다. 신장에 있는 수기는 올라가고 화기는 내려가야 한다는 말이다. 이 흐름이 단절되면 물의 기운은 아래로 정체되고 불의 기운은 허열로 뜬다.

아침밥을 먹고 바로 책상에 앉은 채로 네 시간이 흐른다. 중간에 화장실 다녀오는 것 말고는 몸이 늘 그 상태로 굳어 있는 셈이다. 공부해본 사람들은 알 거다. 공부한 지 한 시간도 되지 않아 졸음이 쏟아진다. 분명 책을 보는 중이었는데 그 자세 그대로 잠든다. 잠시 후 온몸을 부르르 떨며 화들짝 놀라 깬다. 옆 사람이 느낄 수 있을 정도다. 곧장 화장실로 가서 세수를 한다. 지금 이럴 때가 아니라고. 또 자기 검열이다.

나는 내 몸을 탐구할 생각을 하지 않았다. 생명의 원천은 우주다. 우리들은 다 별이다. 이 무슨 뜬금없는 소리냐고? 일단 동양철학에서 말하는 우주론을 살펴보자. 동양의 우주론은 음양오행에 기반을 둔다. 음양은 해와 달을 말한다. 인간으로 치면 두 눈이다. 오행은 목·화·토·금·수, 즉 다섯 개의 별이다. 인간으로 해석하면 목은 간과 담이다. 나는 찬 커피를 매일 물 마시듯 마셔서인지 간담의 서늘함을 자주 느꼈다.《동의보감》 서문을 장식하는 유명한 말이 있다.

하늘에 사계절이 있으니 사람에게는 사지가 있다.

하늘에 오행이 있으니 사람에게는 오장이 있으며,

하늘에 여섯 극점이 있으니 사람에게는 육부가 있다.

…

하늘에 해와 달이 있듯이 사람에게는 눈과 귀가 있다.

하늘에 낮과 밤이 있듯이 사람에게는 잠듦과 깸이 있다.

하늘에 천둥과 번개가 있듯이 사람에게는 기쁨과 노함이 있다.

하늘에 비와 이슬이 있듯이 사람에게는 눈물과 콧물이 있다.

하늘에 음양이 있듯이 사람에게는 추위와 신열이 있다.

땅에 샘물이 있듯이 사람에게는 혈맥이 있으며,

땅에서 초목이 자라듯 사람 몸에서 털과 머리카락이 자란다.[25]

하늘의 원리와 사람 몸의 원리가 기가 막히게 들어맞는다. 동양철학에서 볼 때는 우리의 생명과 우주가 연결되어 있는 것이다. 나는 그것도 모르고 반생명적 자기 검열을 계속했다. 밥 먹으러 잠시 집에 들를 때면 무조건 누워 있었다. 절대 몸을 쓰지 않았다.

니체가 말했다. 밖으로 발산되지 않는 모든 본능은 안으로 행해진다고. 그때의 나는 밖으로 전혀 분출하지 못했다. 그러면 결론은 두 가지다. 자기를 학대하거나 타자를 학대하고, 자기를 비하하는 우울증 혹은 타인에 대한 폭력과 분노로 이어진다. 그렇게 쌓인 생명의 피로는 결국 내 안으로 퍼져갔다. 이 사회는 최고를 강요하고, 다짜고짜 성공을 강요한다. 패자와 승자를 가르는 기준이 명확하다. 그 이데올로기에 갇히면 한동안 자기 검열이 운명인 줄 알고 살게 된다.

通卽不痛 통즉불통

《동의보감》에서 말하는 순환이다. 통하면 아프지 않다. 내가 무얼 그리 탐했는지 가만히 생각해본다. 그저 고통스러운 사유를 피하고자 울타리 안으로 있는 힘껏 기어 들어갔다. 기어도 기어도 속도는 제자리였지만 말이다. 그렇게 간신히 들어간 울타리 속에서 동일성의 잣대로 매 순간 내 자신을 찍어 눌렀다. 그렇게 나는 질식할 것 같은 따분함을 안락함이라 애써 속였다.

때때로 울컥거리는 정동情動이 일었으나 먼지 같던 내 삶은 그조차 허락하지 않았다. 너무 오래 걸렸다. 왜 이제 알았을까. 우리는 길들여질 수 없는 존재라는 것을. 비루한 질주였다. 중간중간 휘청일 때도 그만둘 수 없는 삶의 어찌하지 못함이었다.

○   허무주의가
                                        오는 이유

호명테제

가끔 우리가 배우처럼 산다고 느낄 때가 있다. 가령 스무 살이
라면 제2막 1장을, 서른이라면 제3막 1장을 연기하고 있다는
느낌 말이다.

> "이데올로기와 개인 사이에는 특수한 관계가 형성됩니다. 이
> 관계는 호명 메커니즘에 의해 만들어집니다. 호명의 기능 작
> 용은 개인이 자기 것으로 승인하는 하나의 사회적 역할을 개
> 인에게 지정함으로써 그를 이데올로기에 예속시키는 것입
> 니다."[26]

_루이 알튀세르 Louis Althusser

철학자 알튀세르는 인간이 태어날 때부터 각종 '호명'에 의해 만들어지는 존재라고 보았다. 사실 우리가 이 세상에 왔을 때 우리를 호명할 준비는 이미 끝나 있었다. 성과 이름은 스스로 선택한 게 아니다. 탄생하는 순간 국가, 집안, 계층이 하나의 배역처럼 주어졌다고 볼 수 있다. 태어나는 순간 던져진다. 너는 남자고, 너는 여자고, 너는 한국 사람이고, 너는 동양인이다. 그러니 그 배역에 맞게 살아라.

정해진 배역대로 연기하는 삶. 이렇게 단정 짓다 보면 허무주의에 다다를 수 있다. 그래서 '진짜'라는 명제가 붙는 순간부터 삶은 아프기 시작한다. "진짜 살고 있나"라는 질문에 노년의 알튀세르도 생각을 달리한다. 젊은 시절의 알튀세르는 개인이 구조의 영향을 받을 수밖에 없다는 구조주의 입장을 취했다. 하지만 이내 다른 세계가 있다는 걸 알게 된다. 인간은 스피노자가 이야기한 '기쁨의 코나투스Conatus(삶에의 의지)'를 가지고 있다는 것을 알아버렸기 때문이다. 내가 속한 구조가 나를 슬프게 한다면, 나는 나의 기쁨을 위해 그 구조를 해체할 수도 있다고 말이다.

코나투스를 타고난, 다시 말해 자신의 존재를 집요하게 유지하려는 힘과 의지 그리고 자신들의 '자유의 공간'을 마련하기 위해 자기 앞을 비워두려는 힘과 의지를 타고난 개인들이 (나중에 서로 마주치게 될) '사회의 원자들'이다.[27]

_알튀세르

"내 인생은 여기서 끝났어"라고 자신에게 선언하는 순간 삶은 진짜 위험해진다. 자칫하면 정말 죽음으로 끝날 수 있으니까. 그 허무주의는 왜 나에게 온 것인가? 나는 왜 그렇게밖에 생각하지 못하는가? 대체 무엇이 지금의 나를 만들었는가? 철저히 물어야 한다.

다른 세계가 있다는 생각을 하지 못한 시절의 나에겐 주기적으로 허무주의가 찾아왔다. 고시 공부를 하는 3년 동안 난 버스에 있었다. 서른이 넘어 시작한 공부라 이것이 내 인생의 마지막 기회라고 결정지어 버렸다. 버스는 종착지를 향해 가고, 중간에 벨을 누르며 자신만의 도착지에 안전하게 하차하는 승객들을 그저 바라보기만 했다. 그러는 사이 버스는 어느새 종착지에 다다랐다. 머뭇거리는 나를 향해 기사는 단호하게 말했다. 내리라고. 다 왔다고. 그때는 몰랐다. 정류장에 내려 다른 버스를 타면 된다는 것을. 우리가 탈 수 있는 버스는 살아 있는 한 무한대다. 3번 버스에서 내렸으면 504번 버스로 갈아타면 된다.

> 예술 덕분에 우리는 하나의 세계, 즉 자신의 세계만을 보는 것이 아니라 세계가 증식하는 것을 보게 된다.[28]
>
> _ 질 들뢰즈Gilles Deleuze

사람들이 극단까지 가는 이유는 다른 세계가 있다는 것을 모르기 때문이 아닐까. 수험생 생활 3년 차 때 마지막이라 생각했던 시험장을 나오면서 내 자신에게 말했다. "다른 사람들은 나를 패배자라 생각하라지. 그런데 이 세상 단 한 명, 나는 안다. 얼마나 최선을 다했는지. 내가 알면 된 거다. 수고했다."

대다수 사람들은 결과로 누군가를 판단한다. 어쩌면 당연한 건지도 모른다. 보이는 대로 보니까. 그래도 제발 자신에게만은 그러지 말자. 스스로 패배자라고 인정해버리면 안 된다. 그건 세상의 잣대일 뿐이다. 그저 도전을 한 거다. 그 도전은 제로섬 게임 같은 거다. 합격한 사람이 있으면 불합격한 사람이 있다. 그걸 알고 시작한 일이다. 불합격이라면 이제 다른 도전을 하면 되는 거다. 흔히들 인생은 마라톤이라고 하지 않나. 스스로에게 이런 말을 해주며 살자.

그래도 세상은 허무주의로 우리를 초대할 거다. 지금 차별받는 건 네가 공부를 열심히 하지 않은 대가라면서 말이다. 이런 말에도 흔들리지 말자. 인생은 자신이 해석한 대로 사는 거다. 시험 결과는 실패일지라도 그 과정에서 치열하게 2년, 3년을 살지 않았던가. 내게 그 시간들은 청춘이랍시고 무조건 발산하지 말고 스스로를 다스리고 인내해야 한다는 걸 알게 해준, 내가 나에게 준 극기의 과정이었다.

외재성

철학에는 관계의 내재성과 외재성이라는 것이 있다. 내재성으로 나와 세계를 본다는 건, 말 잘 듣고 눈치 잘 보는 내가 다 내 안에 원래부터 내재되어 왔다는 뜻이다. 한마디로 그건 그 사람 성격이라고 치부하는 거다. 반면에 외재성으로 나와 세계를 보면 기분 좋은 복잡함에 직면하게 된다. 그동안 나의 본성이라고 생각했건 것들이 사실은 외부에서 왔음을 알게 되니 말이다. 나를 포함한 그 모든 것이 실은 다 밖에 있었다. 학습된 것뿐이다. 굉장히 혁명적인 생각이다. 나는 동양에 사는 한국 여자로 길러진 거고 당신은 ○○에 사는 ○○ 사람으로 길러진 거다.

퇴근길 영등포역에서 단체로 호객 행위 중인 남녀를 봤다. 호스트바에서 일하는 사람들이었다. 관계를 내재성으로 보는 사람들은 단순히 그들에게 그런 본성이 있어 그런 일을 한다고 치부하고 무시한다. 그러나 외재성으로 바라보면 다르게 읽힌다. 급한 경제적 문제가 있었을지도 모르고, 다른 외부 원인도 수없이 많으니까. 철학을 알아가는 건 습관이 된 자신의 모든 걸 극복하는 실험의 연속이다.

> 삶이란 모순과 역설, 고통으로만 이루어진 듯하다. 하지만 우
> 리는 고통과 수동적 태도의 극복에서 존재의 충만으로 가는
> 길을 찾을 수 있다는 사실을 깨달았다. 시몬 베유Simone Weil의
> 말대로 '억압'이 '자유'로 변할 수 있는 것이다. 인간은 자각에
> 이르는 만큼만, 현실을 인식하는 만큼만 자유로워진다.[29]
>
> _프롬

프롬은 말한다. 당신이 허무했던 이유는 '남이 바라는 나'로 열심히 살고 있기 때문이라고. 진짜 삶은 자신을 억압했던 것들을 스스로 깨닫고 자발적 고독을 선택하는 것이라고. 이처럼 진짜를 향한 동경은 철학자들의 공통분모다.

생각해보면 앵무새처럼 열심히 하겠다고 나를 지배하는 질서에게 외쳐댔다. 갑자기 궁금해진다. '열심히 한다'의 정체가. 열심의 뜻을 먼저 보면 더울 열熱, 마음 심心이다. 동양철학에서 마음은 곧 심장이다. 그러면 '열심히 하겠다'는 심장이 뜨거워지도록 노력하겠다는 것이 된다. 《동의보감》에서는 심

장이 열을 받으면 어떻게 되는지 설명한다.

> 모든 병은 기가 소통되지 않아 생기는 것이며 통증도 기가
> 막히면 생기는 것이다. 너무 과로하거나 깊이 생각하는 것 모
> 두 기가 순환하는 데 해롭다.[30]
>
> _《동의보감》_

다시 말하면 열심히 한다는 것이 몸에는 나쁘다. 두통, 어지
럼증, 갑상샘항진증 같은 것이 생길 수 있다. 무리해서 열심히
할수록 오히려 집중력이 떨어지고 머리는 더 뜨거워졌으며,
잠도 오지 않는 등 난리가 나는 게 당연한 거였다.

시험을 앞두고 청심환을 먹은 적이 있다. 청심淸心은 열을
식혀 심장을 맑게 해준다는 뜻이다. 사실 청의 뜻이 다 말해준
다. 사념이 없다, 탐욕이 없을 청淸이다. 부질없는 욕심을 덜어
내야 집중력도 생기고 잠도 잘 잔다는 소리다. 시험 준비 기간
에《동의보감》을 만났더라면 덜 힘들었을 텐데.

임제 스님이 대중에게 설법을 했다. 불법은 특별한 수행과 공

덕을 사용하는 것이 아니다. 다만 평상시에 마음으로 조작하는 번뇌 망념 없이 무사히 지내면서, 대소변을 보고, 옷을 갈아입고, 배고프면 밥을 먹으며, 피곤하면 누워서 쉬는 일이다. 어리석은 사람은 이렇게 주장하는 나를 비웃겠지만 지혜있는 사람은 그러한 불법의 본질을 곧바로 안다. 옛 사람도 말하기를, "자기 마음 밖에서 불법을 공부하는 것은 모두 어리석은 녀석들이다"라고 했다. [31]

_《임제어록》

졸리면 자고 피곤하면 잠시 눕고 배고프면 먹으면 된다. 그러나 나는 그렇게 살지 못했다. 다른 무언가를 위해 졸려도, 피곤해도, 배고파도 참았다. 임제 스님의 말씀에 따르면, 이러한 부자유는 자신의 삶에서 주인이 되지 못했다는 증거다. 주인이 되는 삶의 비중을 넓혀가자. 100퍼센트는 불가능하겠지만 60퍼센트만 넘어도 살기가 좀 수월해지지 않을까.

우리는 피해자인 동시에
가해자일 수도

냉소

사회학자들의 책을 종종 읽는다. 《우리는 차별에 찬성합니다》[32]는 생각날 때마다 다시 읽는 책이다. 사람들이 자신도 모르게 하는 말이 있다.

"그러게 평소에 노력 좀 했으면 지금 이런 일 안 하잖아."

이 말이 무서운 이유는, 공권력에 의해 하루아침에 삶의 터전을 잃은 사람에게 어떠한 공감도 할 수 없기 때문이다. 그저 정부에서 개발하려는 자리에서 자영업을 한 그들의 잘못이니까. 그들이 자영업을 할 수밖에 없는 건 평소에 노력하지 않아서라고 귀결해버리면 되니까. 비정규직에게도 "그러니 평소에 노력 좀 하지. 억울하면 정규직 되면 될 거 아냐"라고 하면 끝이다. 집이 없어 고시원을 전전하며 힘든 겨울을 나는 사람들에게도 "그러니 평소에 노력 좀 하지. 다 자업자득이지 뭐"라고 생각 없이 내뱉는다.

이런 냉소를 보내는 사람들에게 묻고 싶다. 당신은 달리기 출발선에 있다. 그런데 어떤 이는 당신보다 100미터 앞에서 출발한다. 시작과 함께 당신은 죽기 살기로 뛰었지만 결국 앞에 선 이를 따라잡지 못한다. 앞에 선 이가 우승 트로피를 쥔 채 당신에게 이런 말을 한다. "그러게 평소에 노력 좀 하지." 그러면 당신은 무슨 말을 할 건가.

《우리는 차별에 찬성합니다》에 그 원인이 고스란히 담겨 있다. 저자는 촛불시위에서 '민주주의'를 부르짖은 20대들이 어째서 용산 참사나 비정규직 노동자들에게는 공감하지 못할까 하는 의문을 품고 연구를 시작했다. 저자는 그런 20대들과 여러 차례 대화하면서 그들이 생각하는 '민주주의'나 '평등'의 개념이 자신의 개념과 상당히 다르다는 사실을 알아낸다. 그들은 자기계발서의 눈으로 세상을 보고 있었다. 자기계발서 방식으로 세상을 보면 이런 말이 나올 법도 했다.

그들은 부당 해고된 청소 노동자의 눈물을 위로해줄 수는 있어도 그 '눈물' 자체가 어떤 요구로 이어지는 건 안 된다고 생각한다. 청소는 그들이 선택한 일이고 그 결과 역시 그들이 책임져야 하니까. 그 사람들보다 공부를 더 많이 한 사람들도 여전히 힘들다는 게 그들의 논리였다고 저자는 말한다. 20대들이 노동자를 바라보는 시선에는 결코 양보할 수 없는 마지노선이 있다고. 이는 20대들의 취업 현실이 그만큼 열악하다는 반증이기도 하다.

역시 이유가 있었다. 자신만 힘들다고 생각하니 타인의 아픔이 해석되지 않는 것이다. 저자는 20대들이 자기계발을 하는 이유는 자신들이 인정하지 않았던 '그 사람들'이 되기 싫어서였다고 통찰한다. 니체의 표현대로라면 그들은 세상을 관조하는 사람일 뿐이다.

> 나는 철학자들 중에서 관조적인 사람, 자기 자신 안에서 휴식하는 사람, 행복한 사람을 신뢰하지 않는다. 그들에게는 형성하는 힘과 정직성의 세련됨이 결여되어 있다.[33]
>
> _니체

동생이 사립 초등학교에서 아이들을 가르친다. 그래서 종종 그곳 아이들의 이야기를 듣곤 한다. 사립 초등학교라 부유한 집 아이가 많은데, 그래서인지 고작 6학년밖에 안 되는 어린아이들이 "너는 어느 건설사에서 지은 아파트에 사느냐" "자가냐 전세냐" "몇 평이냐" 하는 질문을 주고받는다고 한다. 그중 한 아이는 자랑스럽게 이런 말도 한다. "내 속옷은 우리 집 가정부가 매일 세탁해줘"라고.

가정부라는 말을 자랑스럽게 쓰는 아이 앞에서 동생은 할 말을 잃었다고 했다. 무엇이 이 아이들을 이렇게 만든 것일까. 동생은 무용을 가르치는데, 자기 아이가 앞줄에 서지 않으면 바로 학부모들로부터 전화가 빗발친다고 했다. 아이들 역시 지는 것을 극도로 싫어한다. 아무리 실력으로 평가해도 공연 때마다 그들만의 전쟁이 벌어진다.

이런 아이들에게 당장 필요한 건 다른 세계가 있다는 걸 알게 해주는 것이다. 경쟁만 시키는 교육은 이제 그만하고 다른 이들의 삶을 보여줘야 한다. 권장 소설만 읽게 하지 말고 소설 속 인물에 풍덩 빠질 수 있는 책을 선물해야 한다.

세계는 모든 인간에게 참되지만 동시에 모든 인간마다 다르다. … 사실은 단 하나의 세계가 아니라, 몇백만의 세계, 인간의 눈동자 및 지성과 거의 동수인 세계도 있고, 그것이 아침마다 깨어난다.[34]

_마르셀 프루스트Marcel Proust

사람의 수만큼 세계가 존재한다. 지금 우리 아이들이 모르는 아픈 세계가 존재한다는 걸 알려줘야 한다. 부모가 말하는 대로 세계를 받아들인 아이들에게 충격을 줄 정도면 더 좋다.

지나친 자의식

'자기애'와 '이기주의'를 헷갈리는 사람들은 "스스로를 사랑하라"는 흔한 위로의 표현조차 힘들어한다. 철학자 프롬은 말한다. '이기주의'와 '자기애'는 정반대라고. 이기주의에 빠진 사람을 철학에서는 나르시시즘적인 사람이라 한다.

이런 사람들은 현재 자신의 비루한 모습에서 참다운 만족을 찾지 못한 채 한없는 탐욕의 수렁으로 빠진다. 충분히 얻지 못했다는 의구심에 불안해하고, 그나마 가진 것도 빼앗길지 모른다는 두려움에 쫓긴다. 자신을 향한 좋은 비판도 받아들이지 못하고 극도로 예민해지거나 숨어버린다. 그러다 보니 옆 사람을 시기심으로 바라보고, 스스로 지쳐 결국 자기를 좋아할 수 없게 되는 것이다. 심지어 자신에게 깊은 혐오감까지 느낀다. 프로이트 또한 자기도취적 인간은 타인으로부터 사랑을 빼앗아 자기 자신에게 향하게 한다고 지적했다.

철학은 내 인생의 주인은 '나'지만 "나만 이 세상의 주인공은 아니다"라고 강조한다. 자신을 주인공으로 보는 순간 모든 것이 조연으로 보인다. 그러나 스스로 주인으로 살아가는 사람은 타인도 그 사람의 인생에서 주인이라는 것을 안다. 프롬의 말대로 어린아이 같은 생각에서 벗어나야 한다. 우리가 세상에서 가장 소중한 존재이기는 하지만 벌레나 풀보다 소중한 존재는 아니라는 역설을 받아들이고, 삶을 사랑하는 한편 죽음도 받아들이고, 삶에서 마주하는 중대한 질문들에 대한 불확실한 상태를 받아들이는 자세가 필요하다.

그런 의미에서 철학자 장 폴 사르트르Jean Paul Sartre도 우리에게 '반성'의 중요성을 강조한다. 그는 반성하지 않는 의식과 아직 정립되지 않은 기억들 속에는 진짜 내가 없다고 말한다. 바로 '자기 없는' 의식이다.

> 우리는 비반성된 층위에 '나'라는 것은 없다는 결론을 내려야 한다. 내가 전차를 뒤쫓을 때, 내가 시계를 볼 때, 내가 초상화 감상에 몰입할 때, 나는 없다. 단지 '따라잡아야 하는 전차에 대한' 의식과 같은, 의식에 대한 비정립적 의식이 있을 뿐이다. … 그 수준에는 '자기'를 위한 자리는 없다. … 그러므로 사람들이 주장해온 바와 달리, 자아의 삶이 위치하는 곳은 이 반성의 층위이며, 비인격적 삶이 위치하는 곳은 비반성적 층위이다.[35]

정말로 자기 자아의 삶을 보려면 반성이 선행되어야 한다. 반성 없이 지나치게 자신만 사랑하는 자의식에 사로잡히면 타인을 보지 못하고, 그들에게 몰입할 수 없다. 자신만 사랑하는 사람이 어찌 타인을 사랑할까. 냉소만이 가득해지는 이유다. 악플을 달 때 이거 하나만 생각해보자. 자신만 생각하고 사는 건 아닌지, 그 아픔의 비명을 감당할 수 있는지 말이다.

뉴스에나 나올 법한 일을 겪은 적이 있다. 그 이후로 타인의 비명 앞에서 어떠한 말도 하지 않겠다는 신조가 생겼다. 목소리로든 손가락으로든 어떠한 메시지도 만들지 않는다. 아니, 만들지 못한다. 그 비명을 감당할 수 없어서다. 사람들은 자기도 모르게 실수를 한다. 다 아는 것처럼 쉽게 재단하고 쉽게 판단하고 쉽게 결론 내리고 쉽게 비웃는다. 그 화살들이 쌓이고 쌓여 그대로 자신에게로 온다면 오싹하지 않은가. 다음은 당신 차례일 수도 있다.

> 다른 사람의 깊숙한 곳에 있는 것을 가지고 장난치지 마라.[36]
>
> _비트겐슈타인

비트겐슈타인은 서양철학사 흐름 중 마지막 단계인 언어의 실제성을 설파한 철학자다. 서양철학은 '실제'와 '존재'의 의미처럼 자신을 둘러싼 세계를 이해하는 데서 시작한다. 그러다 칸트에 와서 혁명적이게도 자기 '마음'의 문제로 귀결한다. 누가 느끼는가에 따라 세계가 달라진다는 것이다. 동물의 감각기관인 눈으로 보는 세상과 인간의 그것은 다르다. 그렇게 서양철학사의 흐름 중 마지막 단계에 '언어'가 나온다.

비트겐슈타인과 20세기 구조주의 철학자들은 말한다. 어떤 언어체계를 가지고 있느냐에 따라 세계는 다르게 구성된다고. 언어가 없으면 세계도 없다. 그 정도로 언어는 중요하다.

> 내 언어의 한계는 내 세계의 한계를 의미한다.
>
> _비트겐슈타인

우리가 사는 세계도 이미 언어로 이뤄져 있다. 사용하는 언어에 따라 그 사람의 세계는 달라진다. 그러니 함부로 재단하고 막말하고 악플을 달지 말자. 당신이 쓰는 그 언어에 당신의 세계가 갇히니까.

헷갈리면
나를 가까이
읽자

우울에 대하여

밀면 밀리는 사람들의 마음이 어떨지 생각해본 적이 있는가. 밖에서 계속 굽실거리다 보면 내 편인 가족도 따뜻하게 보지 못한다. 임계점을 넘어버려서다. 나 역시 삶의 전반이 피곤했을 때는 타인이 전혀 눈에 들어오지 않았다. 이럴 때 무작정 행복을 강요하면 좋은 소리가 나오지 않는다.

행복이라니. 견뎌왔는데 행복이라니. 내 밥그릇 챙기려 아등바등 살아왔는데 행복이라니. 내 삶이 행복하다고 기계처럼 외워왔는데 행복이라니. "내가 이렇게 살아왔으니 너도 이렇게 살아라" "내가 그렇게 못 산 것을 네가 대신 살아다오"라는 부모 앞에서 행복이라니. 내가 나에게 정직하지 못한데 행복이라니. 부정직해야만 인간관계가 유지되는 회사 생활에서 행복이라니. 그래서일까. 무작정 힘내라는 말이 위로가 되지 않을 때가 더 많다. 니체는 위로를 뭐라고 정의했을까.

> 좌절한 이에게 건네는 위로가 모든 경우에 옳다고 할 수 없다. 사실 위로라는 것은, 쓰러져가는 이에게 그보다 안전하고 높은 곳에서 건네는 말과 같기 때문이다. 그러므로 자존심 강한 누군가가 비통함에 빠져 있다면 "너에게는 지금 어떤 말도 위로가 되지 않겠지"라고 말하는 편이 현명하다. 그것만으로도 그는 자신에게 내려진 고차원적 고난을 온몸으로 받아들이고 있다는 일종의 선민의식을 가지게 된다. 동시에 자신을 위로할 자가 세상에 없다는 사실을 자기 존재에 대한 명예의 상징으로 여기고 다시금 고개를 들어 올릴 힘을 얻는다.[37]

더 숨 막히는 경우는 가족에게도 가식을 떨어야 할 때다. 우리가 사랑을 찾는 이유는 '나의 진짜'를 공유하기 위해서다. 나의 진짜를 봐도 사랑할 수 있는 사람과 사랑해야 하지 않을까 하는 깨달음이 찾아온다. 가뜩이나 밖에서 눈치 잔뜩 보고

왔는데 사랑한다는 사람 앞에서도 눈치를 보면 그 사람은 언제 진짜로 살 수 있을까. 자신이 살아가는 모습을 그대로 보여줄 수 있는 사람이 필요한 이유다. 배우자랑 있을 때와 직장 상사랑 있을 때가 별반 다르지 않다면 그건 이유 없이 사는 것이다. 철학자 프롬은 이런 나와 타인의 관계를 사적 공간의 존중으로 정의한다.

> 요약하자면 우리는 자신을 이해하고 사랑하고 인식할 수 있을 때만 타인을 인식하고 이해하고 사랑할 수 있다. 하지만 의식적 헌신이 곧 자신의 사적 공간을 포기한다거나 타인의 사적 공간을 침해한다는 뜻은 아니다. 사랑은 인식이지만 또 인식이기 때문에 타인에 대한 존중이기도 하다. 우리가 자신에게 투명하다면 타인의 불투명성은 인간의 가능성 안에서 투명해질 것이다.[38]

무역회사에 다닐 때 오지랖 넓은 부장이 있었다. 출근과 함께 시드는 나를 보며 그가 말했다.

"수진 씨, 정신과 상담 한번 받아보는 게 어때? 내가 아주 잘하는 의사 아는데 소개해줄까?"

그는 몰랐을 것이다. 내가 우울했던 이유는 온전히 그 때문이었다는 것을. 그의 무례와 꼰대 사이에서 시들고 있었다는 것을. 직급이 깡패인 조직에 끼인 채 내 생계를 책임져야 하는 상황 때문에 우울했던 거지, 결코 내 삶 전반이 그가 생각하는 것만큼 우울하지는 않았다는 것을. 그는 퇴근길의 내 눈을 본 적이 없으니까. 그러니 제발 누군가를 쉽게 '특정 인간'으로 분류하지 말자.

진짜 좋은 사람은 이런 말을 하지 않는다. 설익은 농담으로 피식 웃게 만드는 게 진짜 치료다. 영화 〈패치아담스〉에서 주인공 로빈 윌리엄스는 말한다. 마음 아픈 환자에게 의사가 해야 할 제1의 원칙은 환자를 웃게 하는 거라고.

항우울성 약을 먹는다고 가슴속 멍울까지 지워질까? 잠시 처방은 될 수 있다. 그러나 우울증 진단을 받으면 "너는 정상이 아니다"라고 취급당하는 것 같은 기분은 지워지지 않는다. 나는 의사가 아니니 우울을 의학적으로 정의할 수는 없다. 하지만 내가 배운 철학으로 우울을 해석할 수는 있다.

우리가 지금 우울한 것은 일상의 세계를 날것으로 민감하게 바라보고 있다는 반증이다. 우울은 생을 처절하게 들여다

보는 과정의 일부다. 다른 세계를 찾으라는 신호이며 파편화된 내 삶을 재편하려는 외침이다. 그 외침의 현장은 때론 죽음충동을 추동시키기도 하지만, 그만큼 절절하고 치열하게 생을 붙잡으려는 저항의 움직임이기도 하다.

동양철학에서는 삶과 우울을 분리하지 않는다. 그것들은 유리되지 않고 공명한다. 《동의보감》은 더 단순하게 말한다. 아프지 않은 사람은 없다고, 존재 자체가 질병이라고, 삶은 누구나 아픈 채로 가는 거라고. '생로병사'가 한 단어인 것처럼 말이다.

특정 인간관을 설정하는 게 싫었다. 각종 설문지로 분석이라는 과정을 거쳐 마치 정답인 양 나를 대하는 게 싫었다. 몇 가지 항목 이상이면 당신은 우울증 초기 증상이니 말기 증상이니 하는 것들이 답답했다. 감정을 과학으로 대하는 게 어색했다. 그래서 더욱 철학을 공부하고 싶었던지도 모른다.

누구나 우울하고 허무할 수 있다. 그걸 다 뭉뚱그려서 우울증이라는 언어로 정의내려버리면 그 언어 세계에 갇히고 만다. 말로 표현하지 못할 감정으로 갑자기 울 수도 있다. 운다는 건 아직 살아 있다는 증거다. 죽은 자는 울 수 없다. 살아 있을 때 마음껏 울자. 울고 싶을 때 울 수 있는 것도 능력이다. 그러니 사람들에게 감정적으로 치였을 때는 병원에 가서 우울증 진단을 받고 항우울제 약을 먹는 것보다 자신과 비슷한 상황을 다룬 영화, 드라마, 소설, 다큐멘터리를 보는 게 훨씬 도움이 된다. 펑펑 울게도 해주고 깔깔깔 웃게도 해주니까.

얼음 땡

자신을 얼리는 사람이 있다. 아니, 단체로 얼리는 사람들이 있다. 유독 조용한 회사를 다닌 적이 있다. 다들 너무 얼어 있었다. 누구 씨라고 부르기만 해도 '나한테 또 뭐 시키게?' 이런 표정으로 얼굴을 찌푸렸다. 스스로 감정을 얼려버린 것이다. 그곳에 있으면 춥다 못해 질식할 것만 같았다.

그런 나와 그들에게도 희망은 있었다. 어찌됐건 퇴근 시간은 오니까. 짧은 시곗바늘이 6을 가리키면 언제 그랬냐는 듯 녹아버리는 사람들. 자신을 얼리는 데 성공한 사람들. 감정을 얼린 그곳은 권위적인 사회고 권위적인 조직이다. 억압적인 조직 일수록 감정을 죽여야만 하니까.

얼린 감정을 녹이자. 내게는 우는 것이 얼린 피로를 녹이는 최고의 방법이었다. 사실 우는 건 그리 만만한 일이 아니다. 감정이 녹고 어는 접점이 있다. 그 접점을 찾아 넘어서야 울 수 있다.

주기적으로 찾아오는 우울을 안아줄 자기만의 방법을 찾아야 한다. 철학과 예술이 존재하는 이유는 우울을 포용하기 위해서다. 하루 종일 밀리고 버틴 끝에 집으로 돌아와 현실 속 정신을 묘사한 것 같은 소설이나 영화 속 주인공을 보고 있으면, 품에 안긴 우울이 스르르 잠들어버린다.

누군가 나를 몰라줘도, 환대해주지 않아도 나는 최선을 다해 살 수 있을까. 그럴 수 있다면 진짜 대단한 사람이다. 그래, 외부 동력이 상실되었다면 내부 동력으로라도 살아야 한다. 그러기 위해선 감수성이 필수다. 일상을 재해석하자.

울고 싶을 때면 나는 공원으로 간다. 나를 울게 해주는 요소들이 그 공원에 있다. 휴일 오후. 쏟아지는 햇살 속에서 다섯 살 남자아이와 젊은 아버지가 캐치볼을 하고 있다. 다정하게 아이를 바라보는 아버지의 모습을 보는데 내가 왜 위로를 받는지 모를 일이다.

무슨 정답을 찾고자 공원에 간 것일까. 뒤뚱거리며 지나가는 아이의 뒷모습에 답이 있는 경우도 있다. 왈칵 눈물이 차오르게 했던 그건 도대체 뭐였을까.

반자본주의적 삶도
있다는 것을 잊지 말자

○ **백수여서**
좋았던 점

소비하지 않을 자유

> 자본주의가 잉여가치를 남기는 과정의 완전한 형태는
> 'M-C-M'이다.[39]
>
> _마르크스

M은 화폐Money, C는 상품Commodity, 마지막 M은 잉여로 남은 화폐를 말한다. 즉, 자본가가 초기에 투입한 돈보다 회수한 돈이 더 많아야 잉여가 생긴다는 뜻이다. 마르크스는 "상업자본은 공간적 차이를 이용해서 잉여가치를 만들고, 산업자본은 시간의 차이를 이용해서 잉여가치를 만든다"고 했다. 생수를 슈퍼에서 팔 때와 산 정상에서 팔 때 가격이 달라지는 것이 공

간적 차이를 이용해서 만든 잉여가치다. 반면에 시간적 차이를 이용해서 산업자본이 잉여가치를 만드는 대표적인 사례는 '유행'에 따른 소비다.

생각해보자. 정말 대다수가 먼저 선호하고 선택해서 유행이 된 것일까, 아니면 산업자본이 대중매체를 이용해서 주입시킨 것일까. 마르크스에 따르면 진실은 후자에 가깝다. 예를 들어 한 예능 프로그램에서 유명 연예인이 어떤 옷을 입고 나오면 일주일 후 그 옷이 유행한다. 이상하지 않은가. 그 옷은 방송에 나오기 전에는 전혀 유행할 옷이 아니었다. 그 유행이 뭐라고 사람들은 필요하지도 않은 옷을 산다.

이처럼 우리들은 우리의 노동력을 판 대가로 월급을 받고 그 돈으로 유행이라는 유혹에 속아 산업자본이 만들어내는 상품을 소비한다. 마르크스는 이 과정이 있어 잉여가치가 생긴다고 말한다. 소비자의 돈을 더 빠르게 회수하려면 자발적으로 소비하도록 유도해야 하니까. 드라마와 영화, 각종 CF가 산업자본과 연결된 이유이기도 하다. 그러니 "잘 지내느냐는 친구의 말에 ○○○ 차로 대답했다"는 식의 광고에 속지 말자.

본의 아니게 돈을 다 잃고 백수로 지낸 몇 년 동안은 다행히도 유행을 따를 수가 없었다. 사용가치가 아직 남아 있는 휴대전화는 굳이 신형으로 바꾸지 않았다. 만날 사람이 없으니 미용실에 가서 요즘 유행하는 파마를 할 일도, 백화점에 가서 신상품을 살 일도 없었다. 나 혼자 느리게 사는 기분이었다. 백수여서 좋았던 게 바로 이런 점이었다. 느리게 사는 풍경을 알게 되었다는 것, 소비하지 않을 자유가 있다는 것 말이다.

> 우리들은 일상생활의 전면적인 조직화, 균질화로서의 소비의 중심에 있다. 모든 것이 쉽게 그리고 반 무의식적으로 소비되고 있다. … 이 물신 숭배적 논리가 바로 소비의 이데올로기다.[40]
>
> _장 보드리야르 Jean Baudrillard

소비하지 못하는 것을 비참하게 생각하지 말자. 대중매체는 우리를 겁박한다. 소비하지 못하는 삶은 제대로 사는 게 아니라는 물신 숭배적 논리로 우리를 포섭한다. 이 나이에는 이 정도 집과 차는 있어야 하고, 밥값보다 비싼 커피 한잔쯤 마셔야 잘 사는 거라 착각하지 말자고 장 보드리야르는 말한다. 우리가 속은 거니까. 사실 그만큼 쓰려면 그만큼 벌어야 한다.

광고하지 않은 영화를 본 사람이 몇 명이나 될까? 우리는 스스로 영화를 선택한다고 생각하지만, 광고에 노출되거나 한 번쯤 들어본 영화를 고를 뿐이다. 진짜 자신이 선택해서 본 영화는 개봉 전부터 오매불망 기다렸거나 독립영화 상영관에 직접 찾아가는 경우다. 생각해보면 우리가 소비하는 것들 가운데 진정으로 원해서 소비하는 경우는 별로 없다.

하루를 탐구로 채우면 소비가 시시해진다. 이런 철학도 있고 저런 철학도 있구나, '이런 세계도 있었어!'라고 감탄하다 보면 어느새 하루가 간다. 이런 걸 몰입이라고 부르기는 한다. 삶에 제대로 몰입하고 제대로 탐구하면 소비는 '아웃 오브 안중'이 된다.

남들은 모르는 것 같은데 자신만 인생에서 중요한 걸 찾은 것 같은 기분을 혹시 아는가. 모든 것이 다 정지 화면으로 보인다. 모든 소리가 사라지고 자신의 심장이 뛰는 소리만 들린다. 그런 때가 누구에게나 있다고 믿는다. 그런 순간이 오면 세상이 더는 무섭지 않다.

붕괴되어야 비로소 보이는 것들

무언가 채워져 있을 때는 잘 보이지 않는 것들이 있다. 그런 것들은 비워지거나 붕괴될 때 비로소 보인다. 이런 느낌을 철학에서는 현상학이라고 한다는 것을 나중에야 알았다. 현상학은 독일의 철학자 에드문트 후설Edmund Husserl이 창시한 철학으로 '어떤 현상이나 사물을 바라볼 때 지금까지의 모든 판단을 중지하고 선입견 없이, 직관적으로 바라보고 본질을 파악하는 철학적 사고법'을 뜻한다. 나는 어릴 때부터 장녀라는 이유로 엄마의 기대를 니체가 말하는 '낙타'처럼 등에 짊어지고 살았다. 내가 가진 능력은 5도 안 되는 것 같은데 엄마는 늘 10을 바라셨다. 아주 가끔은 그런 엄마의 사랑을 사랑이 아니라고 오해하기도 했다.

그렇게 시간이 훌쩍 지나 서른을 넘기고 돈 한 푼 없어 혼자 숨죽여 울고 있을 때였다. 부모라는 존재는 '신기' 같은 게 있다. 필요할 때 귀신처럼 나타나 딱 그만큼의 말과 행동을 보일 때가 있다. 밥은 먹고 다니느냐며 평소에는 하지 않던 전화를 하신 아버지, 당신의 기대에 부흥하지는 못해도 늦은 나이에 공부한다고 고생하는 딸에게 1백만 원을 건네던 엄마를 보

3장. 반자본주의적 삶도 있다는 것을 잊지 말자

면서 다짐했다. 당신을 아주 잠깐이라도 오해해서 미안하다고. 평생 당신을 지키겠다고.

커피 한잔 못 사 마시는 언니를 위해 매번 쿠폰을 보내준 동생, 자신이 심심하다는 이유 아닌 이유를 만들어 금요일마다 맥주도 사주고 치킨도 사주는 동생을 보면서 다짐했다. 절대 너를 외롭게 하지는 않겠노라고.

그리고 보면 삶은 아이러니하다. 풍요로울 때는 알 수 없는 것들을 무너지는 순간 알게 해주니 말이다. 내 옆에 있는 내 가족, 내 연인이 진짜 내 사람이었는지를 내가 무너지는 순간에야 알 수 있다.

문제는
돈이
아니다

화폐 I

토지소유의 거래, 토지소유가 상품으로 전화轉化하는 것은
낡은 귀족제의 최종적 붕괴요 화폐귀족제의 최종적 완성이
다.[41]

마르크스는 과거 봉건제에서 현재 자본주의제로 넘어가는
과정을 위 문장으로 표현했다.

사기를 당해 돈을 몽땅 잃어버린 적이 있다. 내가 잃어버린
건 1만 원이라고 쓰인 종이 3천 장이었다. 아니, 정확히는 통
장에 찍힌 숫자였다. 새삼 피식 웃음이 나온다. 그 3천만 원을
실제로 만져본 적이 없었기 때문이다.

마르크스가 살던 시대에는 "영주가 없다면 토지도 없다"라는 중세의 속담 대신 "화폐는 주인이 따로 없다"는 속담이 있었다. 마르크스는 바로 비꼰다.

"주인이 따로 없다고? 인간에 대해 죽은 물질의 완전한 지배인걸."

나는 죽은 물질의 완전한 지배를 받고 있었다는 것을 돈을 잃어버리고 나서야 알았다.

돈이 진짜 문제인 걸까. 돈을 잃어버리거나 찢어버리거나 태워보면 안다. 이상하게도 아쉽기는 한데 아프지는 않다. 만일 잃어버린 그 돈이 사랑하는 사람의 목숨과 직결됐다면 나는 아마 미친 듯이 절규했을 것이다. 다행히 그냥 돈만 잃어버렸다. 당시 나는 건강했다. 먹고살기 위해 노동을 할 수 있는 몸이 있었다. 돈이 없어도 음악을 들을 수 있었고 노래를 부를 수 있었으며 밥을 먹을 수 있었다. 걸을 수 있고 뛸 수도 있었다. 나는 살아 있었다. 의외로 세상이 무너지지 않았다. 다른 이에게는 어떨지 모르겠지만 나에게는 엄청난 의외였다.

나는 그저 누구나 가질 수 있는 것을 잃어버린 것이다. 그건 곧 누구나 가져갈 수 있다는 뜻이기도 하다. 하지만 자신이 살면서 보고 느낀 영감이나 추억은 그 누구도 가져갈 수 없다. 잃어버리고 싶어도 잃어버릴 수가 없다. 내가 목숨보다 사랑하는 사람들, 그들과 나누었던 이야기들과 웃음과 눈물과 시간을 누가 가져갈 수 있겠는가.

> 사람들은 실로 많은 것을 갖고 있다. 아니, 많은 것을 갖고 있다고 '생각'한다. 그것들이 자신의 소유라고 진심으로 믿기에 그것들과 자신의 경계조차 모호하다. 지금 그 모든 것을 도둑맞았다고 상상해보자. 집과 땅, 돈, 가족과 친구들, 직함, 일, 명예…, 이 모든 것을 빼앗겼다고. 그러면 무엇이 남는가. 누구도 빼앗을 수 없는 나. 오로지 자신만이 남는다. 감성, 의욕, 희망 얼마든지 있다. 어떠한가. 모든 것이 없어졌다고 했지만 풍요로워진 것 같지 않은가. 바로 이것이 우리가 일궈나가야 할 비옥한 토양이다.[42]

니체도 나와 같은 경험을 한 것일까. 2년 동안 모은 돈을 잃어버리는 데는 30분도 채 걸리지 않았다. 거꾸로 생각하면 화폐는 2년 걸려 모으든 10년 걸려 모으든 운이 나쁘면 5분 만에 사라질 수도 있다. 나에게 화폐는 딱 그만큼의 존재였다.

통장에 찍힌 0원의 경험은 물신주의에 빠진 지난날의 나를 꺼내준 계기가 된 사건이자 철학적 사고를 본격적으로 하게 해준, 어쩌면 고마운 예방주사다.

화폐 Ⅱ

> 사람들은 부정한 생각을 부끄러워하지 않는다. 그러나 자신
> 이 이런 부정한 생각을 할 거라고 타인들이 짐작하고 있다고
> 생각할 경우에는 부끄러워할 것이다.[43]

니체의 책 《인간적인 너무나 인간적인》의 서문 중 일부다. 여기서 '타인'을 다시 해석해봤다. 삶을 자명하게 살고자 하는 사람에게 자기 자신은 곧 '타인'이 될 수 있다. '인간적으로 이건 아닌데'를 스스로 생각할 수 있는 사람은 자기 안에 자기만의 '타인'이 존재한다. 이것은 자기검열과는 다르다. 자신의 눈치를 보거나 검열당하는 것이 아니다. 자기답게 삶을 살게 해주는 '타인'을 말하는 거다.

영화 〈동주〉를 좋아한다. 개봉 당시 여러 번 영화관에서 본 영화다. 영화 마지막 장면의 대사가 기억에 스친다.

"이런 시대에 태어나 시인이 되고자 했던 게 부끄러워서 서명 못 하겠습니다."

스스로를 부끄러워하는 사람의 삶은 자명하다. 투명하다. 되레 보는 이의 삶을 부끄럽게 만든다. 우리가 사는 세상에도 니체가 말한 '타인'을 가진 사람이 많았으면 좋으련만 부끄러움은커녕 타인을 짓밟는 사람도 있다. 그런 자들은 간혹 진실의 힘으로 광장에 세워진다.

> 화폐의 힘이 크면 클수록 나의 힘도 크다. … 나는 못생긴 사람이지만 가장 아름다운 여자도 사들일 수 있다. … 나는 — 나 개인의 특성에서 보면 — 절름발이지만, 화폐는 나에게 스물네 개의 다리를 만들어준다. 따라서 나는 절름발이가 아니다. 나는 사악하고 비열하고 비양심적이고 똑똑하지 못한 인간이지만 화폐는 존경받으며 따라서 화폐의 소유자도 존경받는다. 화폐는 최고의 선이며 따라서 그 소유자도 선하며, 그 밖에도 화폐는 내가 비열하기 때문에 겪는 곤란에서 나를 벗어나게 한다.[44]
>
> _마르크스

작년에 me too 운동, with you 운동이 한창이었다. 권력, 권위, 자본 등을 내세워 한 개인을 짓밟은 이들을 광장에 세우는 운동이었다. 나도 그 운동에 전적으로 "with you"다. 그들은 자신들이 가진 권력이나 돈 따위가 영원할 줄 알았을 것이다. 그들은 밀실에서 자신의 권력을 휘둘렀다. 그들은 개인들을 산산이 조각 내서 각각의 밀실에 가둬놓았다.

권력은 다 쪼갠다. 우리가 뭉칠 수 없도록. 이것을 막으려면 위대한 용기가 필요하다. 누군가의 용기는 또 다른 이의 용기를 부른다. 그 용기로 개인들이 뭉치면 권력은 한순간에 끝이다. 은폐했던 모든 것이 수면 위로 떠오르면서 게임은 끝난다. 우리가 뉴스를 통해 지켜본 바로 그 장면이다. 위대한 다수가 소수를 붕괴시키는 장면 말이다.

타고난 권리

공원이 갑자기 나에게 올 때가 있다. 비록 돈은 없지만 공부는 해야겠어서 시작한 일이 독서실 총무였다. 그날따라 늦잠을 잤다. 아마 독서실 원장은 CCTV가 연결된 휴대전화로 내가 정시에 출근하는지 보고 있었을 것이다. 문은 오전 9시에 열지만 8시 반까지는 도착해야 했다. 청소를 해야 하니까. 간밤에 새벽까지 공부하느라 힘드신 우리 고3님들이 떡볶이며 피자며 잔뜩 먹고 치우지 않으시니까.

집에서 독서실까지 거리는 걸어서 50분, 뛰면 25분이다. 버스비를 아끼려고 매일 걸었는데, 그날은 늦었으니 뛰어야 했다. 뛰다 보니 또 생각이 났다. 그 돈만 잃어버리지 않았으면 이런 수고 없이 편하게 공부할 수 있을 텐데. 그렇게 10분쯤 뛰어 길목에 있는 공원에 들어섰는데 이상하게 기분이 좋아지는 게 아닌가.

가을 아침이라 그랬을까. 왜 매일 지나다닌 그 공간이 낯설어졌을까. 기분 좋은 낯설음이었다. 헨리 데이비드 소로^{Henry David Thoreau}는 산책의 기술을 아는 사람을 별로 못 본 것 같다고 했다. 그가 말한 산책의 기술이 '낯섦'이었음을 이제야 알 것 같다. 나무가 나를 돕겠다고 했다. 그러니 내일도 이리로 지나가라고 했다. 그 인사를 그제야 알아차렸다.

> 만약 내 오전과 오후 시간을 일정량의 돈을 대가로 사회에 몽땅 넘겨야 한다면 (임금노동자 대부분이 이렇게 살아가지만) 적어도 나로서는 살아갈 이유가 전혀 없다고 생각한다.
>
> 나는 팥죽 한 그릇에 나의 타고난 권리를 넘기는 일은 절대 하지 않을 것이다.
>
> 대부분의 사람들이 임시변통으로 살아간다. 삶의 중요한 본질을 회피한 채 살아간다. 대부분은 몰라서 그러는 것이지만, 더 잘 살아보려고 노력하지 않기 때문에 그런 면도 있다.[45]
>
> _소로

궁금했다. 하버드대학까지 나온 사람이 숲으로 들어간 이유. 그 이유는 자명했다. 이럴 때 철학 공부가 재미있어진다. 철학자들은 같은 인간으로서 비슷한 체제 속에서 살았지만 다른 세계도 있다는 것을 몸소 보여주니 말이다.

그는 '먹고사니즘'을 "팥죽 한 그릇에 나의 타고난 권리를 넘기는 일"이라 표현했다. 그가 생각한 타고난 권리란 구체적으로 무슨 권리였을까. 주체가 주체다울 수 있는 권리, 삶이 삶다울 권리 아니었을까.

> 내가 숲에 간 까닭은 의도적인 삶을 살고 싶었기 때문이다. 삶의 본질적인 사실만을 직면하여, 삶이 가르치는 바를 내가 배울 수 있는지 알아보고 싶어서였다. 그래서 죽음이 다가왔을 때 내가 제대로 살지 않았음을 깨닫는 일이 없도록 하기 위해서였다. 삶이란 무척 소중한 것이니, 나는 삶이 아닌 삶은 살고 싶지 않았다. 반드시 필요하지 않다면, 습관적으로 체념하며 살고 싶지도 않았다.[46]

소로를 생각하면 떠오르는 철학자가 있다. 바로 마르크스의 사위 라파르그다. 그는 마르크스의 사위답게 《게으를 수 있는 권리》라는 책을 썼다. 제목부터 강렬하다. 소로의 '타고난 권리'와 라파르그의 '게으를 수 있는 권리'는 일맥상통한다.

> 프롤레타리아는 기독교 윤리, 경제 윤리와 자유사상가들의 윤리에 내포되어 있는 온갖 편견을 짓밟아 뭉개야 한다. 프롤레타리아들은 자연의 본능으로 돌아가야 한다. 프롤레타리아들은 법률가들이 꾸며낸 매우 형이상학적인 부르주아 혁명기의 인권선언보다 천 배는 더 고귀하고 신성한 이 '게으를 수 있는 권리'를 선언해야만 한다. …
>
> 노동자는 노동을 임금과 교환하는 것처럼 보이지만, 그가 거래하는 노동능력은 그가 생산하는 가치보다 훨씬 못 한 교환가치를 가진다. 이 두 가치의 차이에서 발생하는 잉여가치가 바로 소유계급의 증식된 재산이다.[47]
>
> _라파르그

하루 아홉 시간 이상을 5분도 못 쉬고 전화를 받아대며 나의 노동력을 고갈시켜 일 매출 5백만, 6백만 원을 찍어도 내가 받는 월급은 최저시급일 때, 소로처럼 차라리 시골로 내려갈까 진지하게 생각했다. 나 하나 빠지면 업무에 지장이 생길까 봐 연차도 마음대로 못 쓰는 나를 보고 있을 때 라파르그처럼 외치고 싶었다. 나는 게으를 수 있는 권리가 있다!

은둔자를 자청하며 나를 둘러싼 모든 것을 관조하던 그 시절, 조각난 관조의 파편들은 쉴 새 없이 다시 내 품속으로 날아 들어와 박혔다. 이제 더는 빠질 단물조차 없다고 생각했는데 여전히 내 속에 고인 물은 차고 넘쳤다. 그 지릿한 고인 물이 가슴에 박힌 파편으로 인해 흘러나가고 나서야 비로소 내 존재의 이정표가 보이기 시작했다.

> 우리에게는 '가만히 멈추어 서서 바라볼 시간'이 필요하며, 우리는 혼자 있을 시간이, 타인과 깊숙이 관계를 맺을 수 있는 시간이, 우리 외부에서 주어지는 즐거움을 주체적으로 즐길 수 있는 시간이, 아무것도 생산하지 않고 그저 우리의 모든 근육과 감각을 사용할 시간이 필요하다.
> 그리고 바라건대, 많은 사람이 동료들과 함께 정말 건전한 세상을 만드는 방법을 기획할 시간이 필요하다.[48]
>
> _라파르그

을乙의 철학

선언

내 몸 하나 게으르려면 얼마의 화폐가 필요할까. 누구는 50만
원으로 게으를 수 있고, 누구는 몇천만 원은 있어야 게으를 수
있다. 여기서 후자는 주택 대출의 무게가 있거나 먹여살릴 가
족이 있는 자일 것이다. 이럴 때 철학은 자신에게 선언하라고
한다. "다소 무리한 주택 대출을 해서라도 비싼 집이 필요하면
게으를 권리를 포기해도 괜찮다"라고. 그 집이 필요한데 별수
없으니 타고난 권리를 유예하고 대출을 갚을 수밖에.

철학은 또 선언하라고 한다. "이 사람과 함께할 수만 있다
면 낙타처럼 살아도 견딜 수 있어"라고. 기꺼이 부양할 가족
을 만드는 비범함이 거기에 있다. 내가 가난해지더라도, 내
것을 기꺼이 주고 싶을 때 하는 게 사랑이고 결혼이니까. 그
런 마음이 없는 상태에서 하는 결혼은 스스로를 속이는 짓이
다. 무언가 바라면 바라는 대로 이루어지는 환상적인 결혼은
없다. 남들 다 하는 것이니 하는 행위는 프랑스의 정신의학자
자크 라캉Jacques Lacan 말대로 "타자의 욕망을 따르는 것"밖에 되
지 않는다.

나는 5년 이상을 이렇게 내 몸의 노동에 의지해 생계를 유지
했고, 1년에 6주 정도만 일하면 생활비를 모두 충당할 수 있
다는 사실을 알게 되었다.[49]

이 딜레마에서 벗어날 유일한 방법은 소로의 말처럼 자기
만의 생계 비용을 계산하고 그것을 삶에 관철시키는 것이다.
소로를 따라 지나친 집착만 버릴 수 있다면 삶의 많은 것이 달
라지지 않을까.

아르바이트로 한 달에 50만 원을 벌며 2년을 산 적이 있다.
물론 식비, 주거비가 거의 무료였기에 가능한 일이었다. 밥은
집에서 먹고, 남은 돈으로 커피나 과자 정도면 허기진 삶의 공
백을 채울 수 있었다. 웬만하면 걸어 다니고 통신비도 최대한
줄였다. 아니면 잠시 안 쓰면 될 일이었다. 누구를 만날 일이
없던 시기였고, 아프지 않음에 감사한 시절이었다. 그 시절 내
인생에는 병원비가 없었으니까.

고시원 총무로 일할 때 만난 20대 청년은 방값 20만 원과
식비 30만 원이면 한 달 생활이 충분하다고 말했다. 그만큼
하기 싫은 일을 덜고 생의 전반에 걸쳐 가치 있는 일을 하는

데 시간을 쓰고 싶다고 했다.

생계는 매우 중요하다. 마르크스는 하부구조가 상부구조를 규정한다고 했다. 하부구조는 '경제'적인 것이고 상부구조는 '정치, 문화'적인 것이다. 마르크스가 보기에 근본 요인은 경제였다. 생계는 한 인간에게도 중요하고, 한 가정에게도 중요하고, 넓게 보면 국가의 안위를 위해서도 중요하다. 이렇듯 스스로를 먹여 살리는 일은 위대하다. 역사가 그것을 보여준다. 하지만 더 중요한 것은 그 생계도 자신이 정하는 대로 살 수 있다는 것이다. 삶도 다이어트가 필요하다.

> 사람들이 찬양하고 성공적이라고 여기는 삶은 삶의 여러 모습 중에서 단지 한 가지일 뿐이다. 우리는 왜 다양한 삶의 방식을 모두 저버리고 단 한 가지 방식만 따라야 하는가?[50]
>
> _소로

○

이대로
사라지기 전에
도서관에 가자

피난처

전쟁 같은 평일을 사는 사람들에게 주말이란 무엇인가. 어느
토요일 오전, 한 줄기 눈물이 흐른다. 너무 좋아서. 바나나로
가볍게 속을 달랜 후 공원으로 나간다. 유난히 더 파래 보이는
봄 하늘, 가벼운 공기와 나를 관통하는 후련한 바람. 모든 것
이 느려진다. 그래, 이거지. 내 존재의 피난처. 정체 모를 허기
의 종착역이 이거였다.

이제 이틀쯤은 느리게 살 수 있다. 누구보다 빠른 삶을 살았
다. 하루 평균 서른 통이 넘는 전화를 양손으로 받아가며 일했
다. 이리저리 뛰어다녔다. 그들의 요구, 재촉을 온몸으로 맞이

하느라 가슴 한쪽에 공허와 멍울이 생긴 줄도 몰랐다. 쏟아지는 소음 속 무대. 5일 동안 갑질의 무녀였던 나는 토요일을 맞아 그 무대에서 자진 퇴장했다. 주말 이틀 동안은 그 누구도 나를 건드릴 수 없다. 말을 많이 한 만큼 침묵이 절실하다. 필연적 고독의 시간. 나에게 주말은 환기의 시간이었다.

아메리카노 한 잔을 들고 존경하는 작가들이 즐비한 도서관으로 간다. 충전이 필요한 건 휴대전화만이 아니다. 각자 자신만의 충전법이 있다. 어떤 이는 긴 여행일 수도 있고, 어떤 이는 커피 한 잔과 독서일 수도 있다.

도서관에 가면 무수한 파동의 존재를 목도한다. 세상을 향한 호기심이 가득한 어린아이도 있고, 자신의 청춘에 대한 답을 갈구하는 청년들도 있다. 이미 지천명을 넘어 그 삶 자체가 책인 분들도 있다. 책을 읽고 있는 그들은 각자의 장엄한 에너지 파동 속에 있다. 글을 읽다가 갑자기 눈시울을 붉히는 경우도 있고, 읽는 행위를 멈추고 명상을 하기도 한다. 그 누구의 간섭이나 개입이 없는 견고하고 심오한 자신과의 대화다.

도서관은 나에게 치유의 공간이었다. 도서관은 평일에 풀지 못한 진짜 숙제를 하러 가는 장소였다. 그곳에 가면 몇천 년의 시간을 공유할 수 있다. 그 시간들이 내 몸을 관통하고 흘러간다. 그러는 사이 가슴에 새겨졌던 멍울이 옅어진다. 만약 주말이 없었다면, 혹 주말에 도서관에 가지 못했다면 나는 그대로 사라져버렸을 것이다.

사람들은 달이 아니라 달이 가리키는 손가락만 보며 산다. 하지만 도서관은 달을 보는 법을 알려준다. 지금까지 당신이 살았던 삶과는 다른 삶이 있다는 것, 다른 대안적 삶이 분명히 존재한다는 것, 그리고 우리도 그런 삶을 살아갈 수 있다는 것을 알려준다. 반자본주의적이고 반물질주의적인 세계로 자꾸 초대한다. 우리는 응답만 하면 된다.

도서관에서 만난 철학자들은 말한다. 뭔가를 안다는 것보다 존재의 기쁨을 느끼게 하는 게 없다고. 몰랐던 걸 알았을 때 '세로토닌'이 나온다고 한다. 자기의 깊은 내면을 알았을 때 행복해진다는 건 현대 의학으로 입증된 지 오래다.

책의 힘이 바로 여기에 있다. 나는 책의 힘을 믿는다. 책은 타자가 썼지만 내 앞에 실존하는 건 텍스트다. 더 정확히는 그 텍스트가 주는 메시지다. 그러니까 나를 변화시키는 실체는 타자가 쓴 책을 읽고 있는 '나'다. 즉, 타자가 아니다. 책을 쓴 타자는 나를 모른다. 그 책이 고전이라면 그 타자는 이미 이 세상에 존재하지 않는다. 하지만 책이라는 매개체, 타자라는 매개물로 나는 나를 변화시킬 수 있다.

존경하는 사람의 수만큼 행복의 기회도 늘어난다고 생각한다. 사실 나는 존경하는 사람이 셀 수 없을 정도다. 자신의 삶을 온전히 살아가는 내가 만난 모든 이를 존경한다. 또 삶의 감기에 걸렸을 때 이런 삶도 있다고 알려준 철학자들과 작가들이 도서관에 있다. 타인의 삶에 함께 박수치며 웃어주는 이들이 그곳에 있다.

하루를 보내다 보면 어느 때인가 긍정의 기운이 솟아나는 순간이 있다.

활력 넘치는 육체가 이끄는 대로 움직여보는 것이 어떨까.

분명 어제보다는 조금 더 발전한 나를 만날 것이다.

그리고 밤이 되어 노곤함이 밀려오면

느긋이 다리를 펴고 스탠드 불빛 아래서 책장을 넘겨봐도 좋을 것이다.[51]

_니체

왜 나는 그렇게 아팠던 걸까. 밥벌이라는 명분으로 내 삶 전반을 침식한 지리멸렬한 강령들 때문이었겠지. 마음이 시키는 대로 살지 못한 비루함 때문이었겠지. 그저 웃어넘겨야만 했던 나를 향한 연민 때문이었겠지.

주말은 그런 나에게 말한다. 전쟁을 치르느라 수고한 자여, 이대로 사라지기 전에 당신만의 피난처로 가라. 그 피난처에서 스스로 개시한 공부를 하라. 내가 개시한 나만의 공부는 내 존재를 지탱하게 해준다. 철학을 공부하는 것 자체가 나에겐 자유였다. 이대로 사라져버리고 싶지 않다면 도서관에 가자. 도서관에는 양서가 많다. 그럼에도 1원도 들지 않는다. 대신 내가 빌린 책의 무게는 천 년이다.

> 사유하도록 강요하는 것은 바로 기호다. 기호는 우연한 마주침의 대상이다. 그러나 마주친 것, 즉 사유의 재료의 필요성을 보장해주는 것은 분명히 기호와의 그 마주침의 우연성이다.[52]
>
> _들뢰즈

나를 무너지게 만든 충동들은 결국 삶을 다시 지키려는 수

차례의 시도로 이어졌다. 걷는 것도 그러한 시도 중 하나였다. 들뢰즈의 말처럼 그런 시도들은 사유를 강제하게 하는 기호이자 귀한 마주침이었다. 그렇게 상흔이 옅어지고 나서야 나도 모르게 내팽개친 생의 주변을 다시 사랑할 수 있었다.

최근에 무엇이 나를 사유하도록 강제했는지 생각해보자. 그런 마주침이 있기는 했나 싶은 서글픈 마음이 든다. 삶의 수레바퀴에 실린 채 먹고 자기 바빴으니 말이다. 들뢰즈의 말처럼 마주침을 통해 자신을 실현하고 살아내자. 우리는 대체 불가한 사람들이니 말이다.

유쾌한 소비 Ⅰ

유난히 나를 무장 해제시키는 사람들은 그 자체로 좋은 사람
들이다. 휴대전화를 사러 부천 지하상가에 있는 대리점에 갔
다. 영업 사원들은 언변이 화려하다. 사람의 기운을 가지고 놀
줄 안다. 기가 세지 못한 사람들은 어버버하다가 자신의 화폐
를 건네기 십상이다. 잔뜩 경계를 하며 가게 안으로 들어갔다.

　　그렇게 만난 대리점 청년. 그런데 이 사람이 나의 경계를 바
로 무너뜨렸다. 약간 어수룩하면서도 순수한 그의 모습에 웃
음이 날 정도였다. 최대한 나의 관점에서 배려하며 약정 할인
등을 수줍게 이야기하는 그를 보니 사지 않을 이유가 없었다.
휴대전화 바꿀 사람이 있으면 소개해주고 싶을 정도였다.

그럴 때가 있다. 제품이 아닌 사람 때문에 구매하는 경우 말이다. 그 직원이 좋아서 그 카페만 가고, 그 슈퍼만 간다. 자주 가는 도서관이 있다. 책도 좋고 분위기도 카페 같지만 무엇보다 그곳 사서의 친절함이 좋다.

좋아하는 어떤 영화를 개봉하자마자 극장에서 여덟 번까지 본 적도 있다. 완전 연소의 삶을 꿈꾸었던 철학자 조르주 바타유는 이런 소비를 대가 없이 소모되어야만 하는 '유쾌한 파멸'이라 보았다. 이것을 나는 타인을 위한 '유쾌한 소비'라 생각한다. 타인에게 내 화폐를 지불했는데 전혀 아깝다는 느낌이 들지 않을 때, 우리는 그 타자를 사랑하는 것이라고 철학은 말한다. 비록 통장은 마이너스지만 그가 미치도록 보고 싶다면 택시를 탈 수 있는 거라고 말이다. 유쾌한 소비야말로 반자본주의적인 소비다.

유쾌한 소비 II

그런 사람이 있다. 뭐 이런 사람이 존재하나 싶은 사람. 도대체 어디서 뭘 하다가 이제야 내 눈에 보이나 싶은 사람.

말투, 화법, 웃는 표정과 웃음소리, 심지어 인사하는 모습까지 전부 닮고 싶을 만큼 배울 점이 많은 배우가 있다. 특히 그는 인사할 때 보통 사람 이상의 것을 추구했다. 허리를 숙일 때 그만의 법칙이 있다. 정수리가 보일 정도로 제. 대. 로. 허리를 숙인다. 그리고 남들보다 2~3초 늦게 허리를 든다. 정말 놀라운 것은 항상 그렇게 인사한다는 점이었다. 자신만의 '각'으로, 자신만의 '속도'로, 자신만의 '리듬'으로 인사하는 그의 모습을 보면서 자신만의 원칙이나 신념이 확고하다는 느낌을 많이 받았다.

몇 년 전 그가 출연하는 연극을 보러 갔다. 유쾌한 소비였다. 연극이 끝난 후 커튼콜이 시작되자 역시 그는 그만의 인사를 하기 시작했다. 마치 내일 죽어도 여한이 없을 것 같은 미소를 머금은 채 양손을 고이 합장한다. 그러고는 그를 보러 와준 관객 한 명 한 명을 지그시 바라본다. 3초 후 그는 허리를 깊게

숙였다. 이렇게까지 하나 싶을 정도로. 그리고 1초, 2초, 3초, 4초. 그는 숙이고 또 숙였다. 그게 자신의 연극을 보러 와준 관객에 대한 그의 예의였다. 그의 방향에서 왼쪽을 보며 한 번 숙이고, 다시 일어나 가운데를 향해 또 한 번 숙이고, 재빨리 오른쪽을 향해 한 번 더 숙인다. 허리를 숙이고 올리는 데 걸리는 시간은 무려 5초다.

나에게 그 5초는 단순한 5초가 아니다. 5초 동안 나의 뇌에서 세로토닌이 분출되는 것 같다면 믿어지는가. 누군가의 5초가 누군가의 기분을 책임질 수도 있다. 그의 시선은 함께 연기한 동료 배우들에게로 향한다. 동료들은 저마다의 소감을 말한다. 나의 시선은 여전히 그에게 머물러 있다. 그는 정갈하게 서서 두 손을 가지런히 뒤로 모은 채 그들의 이야기를 듣는다. 시선은 말하는 그들에게 두고 입술은 꾹 다문 채로 결연하게. 그러다 그들이 재밌는 얘기라도 하면 어린아이처럼 물개박수를 친다. 그러다 다시 차분히 그들의 말을 듣는다. 그의 커튼콜을 보고 있으면 마치 위로주를 마시는 것 같다.

누군가 나에게 그런 말을 한 적이 있다. 좋은 삶은 삶을 살아가는 사람의 선한 의지만으로는 이루어질 수 없다고. 그걸 무참히 부순 사람이 그 배우다. 무대 위에서 커튼콜을 받는다고 세속의 리얼리티와 마주하는 고통스러운 시간이 왜 없었겠는가. 이런 사람을 만나면 생각나는 글귀가 있다.

참된 행복을 원한다면

재산을 모을 것이 아니라

자신의 가슴에 사랑을 키워야 한다.

선행은 선한 사상에서만 생긴다.

선한 사상을 소중히 하라.

그리고 그것들은 현인의 책이나 말 속에서,

특히 자기 자신 속에서 찾아야 한다.[53]

_레프 니콜라예비치 톨스토이Lev Nikolayevich Tolstoy

4장

온늘 내가 비루하다는 걸 안다는 것

○

나는 도대체
무슨 공부를
한 건가

좋은 공부

세무사 시험공부를 할 때다. 그날은 재정학(세금과 관련된 미시 경제학) 공부를 하고 있었다. 그러다 문득 경제학에 관한 다른 책이 읽고 싶어졌다. 처음 찾고자 했던 책은 그저 재정학을 잘 이해하기 위한 도구용 경제 도서였다. 그런데 하필 내가 집어 든 책은 마르크스가 쓴 《경제학-철학 수고》였다.

> 국민경제학은 노동하지 않을 때의 노동자를 인간으로 간주 하지 않으며, 오히려 이러한 고찰을 형사재판, 의사, 종교, 통 계표, 정치, 거지 단속 경찰에 떠넘긴다.[54]

괜히 펼쳤나 싶으면서도 속이 뻥 뚫리는 기분은 어쩔 수 없었다. 재미있는 건 마르크스가 국민경제학이라고 부르는 경제학 역시 그 시대의 주류경제학이었다는 것이다. 돈을 벌지 않으면 경제 인구로 취급하지 않는, 노동자가 노동을 할 수 있으려면 꼭 그만큼만 벌어야 한다는 명제를 세운 주류경제학 말이다. 마르크스도 말했다. 주류경제학은 노동과 자본, 자본과 토지의 분리 근거에 대해 어떠한 해명도 제시하지 않는다고 말이다.

> 국민경제학은 사유재산이라는 사실에서 출발한다. 국민경제학은 우리에게 그 사실을 해명하지 않는다. 국민경제학은 사유재산이 현실에서 겪는 물질적 과정을 일반적이고 추상적인 공식으로 표현하거니와, 그 경우 그러한 공식은 국민경제학에게 법칙으로 간주된다. 국민경제학은 이러한 법칙들을 개념적으로 파악하지 않는데, 다시 말해서 국민경제학은 그 법칙들이 어떻게 해서 사유재산의 본질에서 생겨났는지를 확증하지 않는다. 국민경제학은 노동과 자본, 자본과 토지의 분리 근거에 대해 어떠한 해명도 제시하지 않는다.[55]

이 문장을 읽는데 소름이 돋았다. 우리가 중고등학교 때 배운 경제학을 떠올려보면 일단 1장부터가 자유경쟁시장이다. 사유재산은 우리가 당연하다는 듯 받아들여야 할 명제다. '원인은 몰라도 된다. 그러니 수요와 공급의 법칙을 배우자.' 이게 다다. 애덤 스미스의 "보이지 않는 손"은 교과서에 늘 나온다. 그런데 마르크스의 "노동의 소외"는 교과서에 없다. 우리는 처음부터 주류가 원하는 방식으로 배워온 것이다.

우리는 마트에서 '당근 천 원', '수박 만 원'이라고 쓰인 것을 보며 당근은 1천 원의 가치밖에 없고 수박은 1만 원의 가치가 있으니 수박이 더 귀한 것이라는 착각을 한다. 당근과 수박 모두 어떤 이의 땀이 들어간 노동의 결과물이다. 우리의 교육은 왜 그 사실을 알려주지 않는가. 마르크스 말처럼 노동과 생산의 직접적인 관계를 고찰하지 않음으로써 노동의 본질 안에 있는 가치를 철저히 은폐한 것이다.

내가 인간답게 살 수 있는 이유가 다른 누군가의 노동 덕분이라는 것을 놓친 것이다. 새삼 돈은 각자가 노동의 성과물들을 교환할 때 중간에서 매개 구실을 하는 것일 뿐이라는 사실이 느껴진다. 마르크스식이라면 돈이 무슨 가치를 만드는가.

모든 가치는 노동이 창출하는 것인데.

이렇게 한참《경제학-철학 수고》를 숨넘어갈 듯 읽다가 이내 내가 공부해야 할 재정학(세금과 관련된 주류경제학) 책을 펼쳤다. "다음 중 후생경제학에 대해서 옳은 것"을 고르라는데 5분 전까지 마르크스의 글을 읽은 마음으로는 도저히 재정학을 외울 수 없었다.

"모든 사람의 한계대체율이 같을 때 소비의 파레토 효율성이 달성된다"고 한다. 실소가 절로 나왔다. 나에게 이 문장은 이렇게 들렸다. 모든 사람이 '좋은 게 좋은 거지'라는 다다익선의 마음을 가지고 있다면, 완전 경쟁의 우리 시장경제는 망하지 않는다.

순간 내가 지금 무슨 공부를 하고 있는지 망치로 맞은 듯 멍해졌다. 시험을 위한 공부일 뿐 진짜 공부는 아니었다.

우리는 돈이 되지 않는 걸 사랑했다

아이들을 가만히 살펴보면 알 수 있다. 우리는 돈이 되지 않는 것들을 사랑했다는 사실을 말이다. 지역아동센터에서 일할 때 아이들은 종이접기와 오목두기, 그림 그리는 걸 세상에서 제일 좋아했다. 그런데 정작 어른이 된 우리는 뭘 좋아하는지도 모른다.

오스트리아의 철학자 이반 일리치Ivan Illich는 그의 책《학교 없는 사회》에서 의무 교육이 오히려 사람들의 자생력을 그들 삶에서 멀어지게 한다고 했다. 다들 많이 배우기는 했지만 자기만의 역량은 점점 왜소해진다. 자기와 상관없는 공부를 했기 때문이다.

생각해보면 자본가에게 팔릴 것 같은 공부만 했다. 생존을 위해 생의 결핍을 나 몰라라 했다. 전공도 아닌데 요즘 갑자기 사람의 의식과 무의식에 호기심이 생겼다며 프로이트나 라캉의 정신분석학을, 에드문트 후설의 현상학을 파는 사람은 보지 못한 것 같다. 돈이 되느냐 마느냐의 경계 선상에서만 선택을 했다는 마음에 괜히 울컥한 정동들만 요동친다. 하지만 그런 나에게 철학은 질문을 통해 다시 찾으면 된다고 위로한다.

우연히 고3 수험생을 다룬 다큐멘터리를 봤다. 대학 입학 수시, 정시에 다 떨어진 학생이 나왔다. 낙담한 그 학생에게 제작진이 물었다. "그런데 왜 그렇게 간절히 대학을 가려고 해요?"

"그러게요…. 한 번도 들어본 적 없는 질문이에요. 한번 생각해봐야겠네요."

그 말과 함께 학생의 낯빛이 아주 조금은 가벼워지는 걸 느낄 수 있었다. 인생의 본질은 질문이라는 프롬의 말을 실감하는 순간이었다. 더불어 니체가 수없이 외쳤던 말이 생각났다.

그는 자신을 잊고 있었다. 그것은 의심의 여지가 없다.
이제야 그는 자기 자신을 바라본다.
그때 그는 거기서 얼마나 놀라운 것을 발견하는가![56]

_니체

꿈의 집착

아주 오래전 이사를 할 때였다. 방에서 책 박스만 여덟 개가 나왔다. 그중 여섯 박스는 문제집이었다. 무슨 자격증 관련 문제집, 예전에 두 달 공부하다 만 공인중개사 문제집. 나머지 두 개는 자기계발서로 가득 차 있었다.

아침형 인간이 되어라, 아니면 저녁형 인간이 되든지. 성공하려면 7가지를 해라, 20대에 꼭 해야 할 22가지, 생생하게 꿈꾸고 절실하게 바라면 이루어진다고 외쳐라…. 갑자기 멀미가 밀려온다. 난 도대체 뭘 원했던 걸까.

물끄러미 그 책들을 바라보았다. 20대 중반의 나는 마치 뭐에 홀린 사람처럼 무언가를 갈구하고 믿었다. 이렇게 무턱대고 노력하면 뭐라도 될 거라고 믿었다. 한 치의 의심조차 하지 않았다. 내가 힘든 만큼 보상이 오리라 믿었다. 그것은 희망고 문이었다. 불안이 스스로를 제어하지 못할 만큼 나를 엄습하면 그때마다 그렇게 자기계발서를 읽어댔다.

제자리걸음하는 것과 단 한 뼘이라도 움직이는 것의 무게 감은 다르다. 자기계발을 하기 전에 이것이 누구를 위한 것이고, 무엇을 위한 것인지에 대한 고찰이 선행되었어야 했는데 그 시절 나는 그걸 전혀 하지 못했다. 말초신경만 자극하고 마는 날들의 쳇바퀴 속에서 이탈하려면 프란츠 카프카[Franz Kafka]의 말처럼 "자살처럼 다가오는 책"이 필요하다.

"꿈이 뭐냐는 말이 정말 싫어요."

지역아동센터에서 6학년 아이와 상담 중 아이가 한 말이다. "꿈이 없으면 안 되는 건가요?" 없어도 된다고 말해주었다. 그리고 혹시 꿈이 있다면 진짜 자신의 꿈인지 타자가 예쁘다고 하는 악몽인지부터 살펴보자는 말도 잊지 않았다. 우리에게는 실존의 시간이 없었다. 생존 앞에서 인정욕구만 커진 채 쫓기듯 꾸는 꿈이라서. 그건 꿈이 아니다. 악몽이다.

꿈이 있는 게 좋은 걸까. 혹시 남들이 다 꿈이라는 게 있어 보이니, 나도 있어야 할 것만 같은 초조함은 아닌지 생각해보아야 한다. 특히 우리나라 청소년들은 꿈이라고 하면 각종 '명사'들을 나열한다. 교사, 의사, 박사, 공무원, 연예인 등등. 라캉은 그랬다. 인간은 타자의 욕망을 욕망한다고. 그 명사들이 온전히 그들의 단전에서 나온 꿈일까. 혹시 부모의 꿈이나 매스컴이 키운 헛꿈은 아니었을까.

그 6학년 아이에게 말했다. 오늘 이 시간부터 너에게 일어나는 모든 것과 마주치라고, 문제집의 문제를 푸는 것도 좋지만 세상의 문제들도 풀어보라고 말이다. 그러다 보면 얻어걸릴 수도 있다. 갑자기 단전에서 "아, 이렇게 살고 싶다"라는 말이 튀어나올지도 모를 일이다.

말을 하지 않아서 그렇지 유명인들도 자신이 지금 하고 있는 일이 어릴 때부터의 꿈은 아니었을 거다. 살다가 우연히 발견했을 것이다. 한 가지 분명한 건 그들은 선택의 갈림길에서 자신이 원하는 것을 선택했다는 점이다.

철학의 관점에서 '꿈이 있다'와 '꿈이 없다'는 동일한 말이다. 둘 다 '꿈'에 집착하고 있는 건 같으니 말이다. '꿈이 없다'

고 하는 건 이미 그 사람 머릿속에 '있어야 할 꿈'이 없는 것이니 말이다. 프랑스 철학자 앙리 베르그송Henri Bergson도 '없다'라는 것을 '있다'는 것의 집착으로 보았다.

> '없다'고 생각된 대상의 관념 속에는, 같은 대상이 '있다'고 생각되었을 때의 관념보다 더 많은 것이 들어 있다.[57]
>
> _베르그송

심지어 타자에게 꿈을 찾아달라고 한다. 꿈이라는 허상에 더는 속지 말아야 한다. 행복도 마찬가지다. 내가 생각하는 행복은 손닿을 수 없는 무언가가 아니라 자발성이다. 누가 시켜서 사는 삶의 비중을 줄여나가는 일, 스스로 판단해서 자기 공부를 하고 자기 일을 하는 것, 이런 게 행복이 아닐까.

한 배우가 시상식에서 자신의 꿈을 이야기한다. 좋은 배우가 되기 전에 좋은 사람이 되겠노라고. 이런 게 꿈 아닐까. 6학년 아이에게 말했다. 기왕 꿈을 만들 거면 '명사'가 아닌 '형용사'로 만들어보라고.

진짜 교육

진짜 교육은 그가 앞으로 만날 이 세상을 감추지 않고 까발리는 것이라고 생각한다. "세상은 원래 그래"가 아니라 이 세상이 왜 그런지 설명해줘야 하지 않을까. 그게 어른이 할 일 아닐까. 눈에 보이지 않는 실체를 보여주고 같이 고민하는 시간을 가져야 하는데 안타깝게도 학교는 그런 걸 하지 않는다.

아이는 아이답게, 학생은 학생답게 길러져야 한다. 그래야 시스템이 잘 돌아가고 통제하기도 편하다. 그렇게 아무것도 모른 채 자신에게 강요된 '의식'들을 인식하다 보면 결국 그 의식이 그 사람의 '존재'가 된다. 돈 없으면 당장 죽을 것 같고, 경쟁에서 지면 스스로 패배자라고 생각하게 한다.

의식이 먼저일까, 존재가 먼저일까. 마르크스는 내게 만일 어떤 아이가 자신을 둘러싼 모든 존재의 민낯을 의식이 형성되기 전에 보고 느낀다면, 다른 아이로 성장하지 않을까 하는 생각을 갖게 해주었다. 마르크스는 존재가 의식을 결정한다고 보았다. 자본주의라는 '존재'가, 경쟁체제라는 '존재'가, 신자유주의라는 '존재'가 나는 패배자라는 '의식'을, 해도 안 될

거라는 허무주의라는 '의식'을, 돈이면 다 된다는 물신주의라
는 '의식'을 형성한다.

> 이제까지 사회의 모든 역사는 계급투쟁의 역사이다. 자유민
> 과 노예 세습, 귀족과 평민, 남작과 농노, 동업자 조합원과 직
> 인, 요컨대 억압자와 피억압자는 부단히 대립했으며, 때로는
> 은밀하게 때로는 공공연하게 끊임없이 투쟁을 벌여왔다. …
> 이 사회는 다만 새로운 계급들, 새로운 억압 조건들, 새로운
> 투쟁 형태들로 낡은 것들을 대체했을 뿐이다.[58]

마르크스를 좋아하는 이유 중 하나는 특정한 인간관으로
사람을 고정시키지 않는다는 점이다. 요즘 그 대상이 아이라
도 세상을 다 알려주고 선택권을 주면 좋지 않을까 하는 충동
이 잦아든다. 이를테면 이런 식으로 말이다.

— 마르크스 아저씨 말에 따르면 역사는 움직인데. 움직이
다가 모순을 만나면 또 다른 역사로 움직이지. 예를 들면 예전
에는 봉건제도가 존재했는데 그 존재 이유는 농업이 그 시절
주된 산업이었기 때문이지. 그런데 역사는 모순을 만나고 움

직인다고 했지? 공업과 상업의 발전이 봉건주의 사회를 모순에 직면하게 만들었어. 새로운 자본가들이 등장했는데 이들은 자신을 위해 일할 노동자들이 필요했지. 그런데 노동자들이 다 농노로 귀족들에게 묶여 있어. 그러니 혁명이 생길 수밖에. 그런 식으로 역사는 지금 우리가 사는 자본주의까지 오게 된 거야. 그러니 불평등은 필연이 아니야. '이렇게 사는 게 우리의 숙명이니 어쩔 수 없다'는 식의 사고를 가지면 안 돼. 왜냐하면 역사는 계속 모순을 넘는 방식으로 움직이니까. ―

4장. 오늘 내가 비루하다는 걸 안다는 것

여긴 어디고
나는 누구인가

갑질

모순된 상황에 서 있을 수밖에 없을 때가 있다. 그때 그곳에서 뭘 느꼈는지 똑바로 응시해야 한다. 부조리를 느꼈는지 아니면 아무렇지도 않았는지를 말이다. 어느 지점에서 무너져버렸는지 알면 그 지점까지 가지 않도록 자기 삶을 컨트롤할 수 있다. 나는 그렇게 나를 알아갔던 것 같다.

나는 사람 상대하는 일을 주로 해왔다. 그래서인지 갑질에 대한 다채로운 공부를 할 수 있었다. 편의점 아르바이트 때는 "왜 여기는 박카스 가격이 약국보다 비싸냐"는 문제로 두 시간 가까이 온갖 욕을 들어야 했다. 또 최저시급도 안 되는 내

시급이 민망해서 최저시급까지는 올려달라 조심스레 이야기했다가 자신이 빚내서 장사하는데 그런 얘기가 입에서 나오느냐며 양심도 없는 애로 낙인찍히기도 했다.

파리바게트에서는 포인트 적립 찾느라 계산 시간이 2분 초과되는 바람에 더럽게 일 못 하는 애가 되었으며, 영업할 때는 "우리 제품 한번 드셔보세요"라고 했다가 들고 있던 포스터와 함께 가게 앞 도로로 내동댕이쳐진 적도 있다. 포스터를 주우면서 생각했다. 여긴 어디고 나는 누구인가.

> 노동이 노동자에게 외적이라는 것, 다시 말해서 노동이 노동자의 본질에 속하지 않는다는 것, 그런 까닭에 노동자가 자신의 노동 속에서 스스로를 긍정하지 않고 부정하며, 행복을 느끼지 않고 불행을 느끼며, 자유롭고 육체적이며 정신적인 에너지를 발전시키는 것이 아니라 그의 육체를 소모시키고 그의 정신을 황폐화시킨다는 것. … 그런 까닭에 노동은 어떤 욕구의 만족이 아니라 노동 바깥에 있는 욕구를 만족시키기 위한 수단일 뿐이다.[59]
>
> _마르크스

영업 일을 하며 날마다 실적 압박에 지쳐갈 무렵 방송 작가로 일하는 친구를 자주 만났다. 하루는 그 친구에게 "너는 네가 하고 싶은 일을 하니까 좋겠다"라고 말했다. 그러자 그 친구는 잠시 머뭇거리더니 이내 "다 똑같아. 어차피 나도 조직 안에서 조직이 원하는 글을 쓰는 것뿐이야"라고 대답했다.

유튜브에서 우연히 '내가 퇴사한 이유'라는 영상을 보았다. 영상을 올린 사람은 전직 기자였다. 처음에 그는 글을 쓰는 사람이 되고 싶어서 기자가 되었다고 했다. 그러나 시간이 지날수록 조직 안에 있는 자신, 그리고 자신의 미래를 보여주는 편집국장이 보였다. 그는 미련 없이 나왔다고 했다.

나도 그런 적이 있다. 단체에 처음 들어갔을 때 노인 복지 관련해서 쓰고 싶은 글이 있었다. 그러나 사이트에 올리지 못했다. 나의 방향성과 단체의 방향성이 다르다는 이유였다.

회사에 있는 동안 나에게 시간은 짐이었다. 아직 오후 3시. 빈혈이 있어 5분만 편히 눕고 싶은데 아직도 3시. 잠깐! 소중한 시간인데 왜 어서 지나가길 바라지? 회사에 있는 동안 내 시간은 철저히 소외되었다. 다양한 혼란과 착오를 초래하는 이 시간의 위기에서 벗어나고 싶었다. 삶에 대한 고민 같은 건

쓰레기통에 버린 지 오래고, 시간의 좀비가 되었다는 걸 느끼는 순간 퇴사를 결심했다.

우리에게 주어진 하루라는 시간 동안

어떤 색을 칠할 수가 있을까.

_토이, 〈스케치북〉 중에서

그 당시 내 하루는 무슨 색이었을까. 보통 사람들의 일상은 대부분 일에 포위되어 있다. 각자의 시간은 상실한 채 획일화된 리듬으로 지배당한다. 한가로움이 제거되고 지나친 활동 시간으로 지배되는 사회. 그곳에서 너와 나의 시간은 없어진 지 오래다.

사장 아들

> 거대 자산을 상속받은 사람이 이것을 통해 직접적인 정치적
> 권력을 획득하는 것은 아니다. … 그것은 구매하는 힘인데, 이
> 것은 다른 사람들의 모든 노동에 대한, 또는 지금 시장에 존재
> 하고 있는 이러한 노동의 모든 생산물에 대한 명령권이다.
>
> _ 애덤 스미스Adam Smith

입사 후 한 달간의 인수인계 마지막 날, 떠나려는 내 전임자
에게 팀장이자 사장 아들인 그는 이렇게 말했다.

"내가 그동안 방향성을 제시해주지 못해서 미안했어요."

사람들은 흔히 회사는 문제를 해결하는 곳이며, 회사 생활
을 통해 자신이 성장할 거라 착각한다. 그러나 실망의 상처는
고스란히 자신의 몫이다. 간혹 동반성장이 가능한 경우도 있
다. 조직의 비전과 나의 비전이 100퍼센트 일치한다면 말이
다. 하지만 사장과 사원의 생각이 같은 경우는 별로 없다.

나의 전임자는 관련 전공 없이 단체에 들어왔다. 그리고 계

속 방황했다. 그녀는 뭔가 색다른 일을 하고 싶었다고 했다. 단체에 들어오면 자신이 주도해서 문제 해결을 위한 토론회에 참석도 하는 등 상황을 바꿔갈 수 있다고 믿은 것이다.

그러나 현실은 달랐다. 그녀는 매일 폭주하는 하소연을 온몸으로 받아야 했다. 자신이 생각했던 노인 복지 종사자 처우 개선 관련 일은 이게 아니라며 팀장을 설득했지만 역부족이었다. 그래서 저런 말이 나온 것이다.

인수인계를 받으면서 그녀에게 하지 못한 말을 지금 하고 싶다. 내가 직접 해보니 당신이 겪었던 일과 고민들이 당신에게 얼마나 쉽지 않은 숙제였을지 알 것 같다고. 카페인과 알코올 정도로는 풀리지 않는 고민임을 나도 알기에, 비록 그 과정에서 비루함을 느꼈더라도 소진하지 않기를 바란다고.

사실은 나 역시 팀장이 불편했다. 이유는 정확했다. 애덤 스미스 말대로 그가 나의 노동을 구매하는 권력을 갖고 있었기 때문이었다.

○   **알면 어제로**
                                     다시 돌아가지
                                     못한다

지옥에서 하는 철학

이 책에서 사람들은 '지하에서 작업하고 있는 한 사람'을 보

게 될 것이다. 그는 뚫고 들어가고, 파내며, 밑을 파고들어 뒤

집어엎는 사람이다. … 그는 오랫동안 빛과 공기를 맛보지 못

하면서도 한마디 고통도 호소하지 않는다. …

그는 자신이 [결국] 무엇에 도달하게 될지를 알고 있기 때문

에, 즉 자신의 아침, 자신의 구원, 자신의 아침놀에 도달하게

될 것을 알고 있기 때문에, 자신의 긴 암흑과 이해하기 어렵

고 은폐되어 있으며, 수수께끼 같은 일을 감수하는 것이 아닐

까?[60]

_니체

철학자 고병권이 이런 말을 한 적이 있다. 철학은 지옥에서 하는 거라고. 이 말을 들으면 전태일 열사가 생각난다. 전 직장 재단사들을 찾아다니며 '바보회'를 조직하고, 은하수다방에서 근로기준법 조문을 뒤지며 내일을 꿈꾼 전태일 열사.

전태일의 공부는 사투였다. 《전태일 평전》을 읽다 보면 그의 근로기준법 연구는 어두침침한 작업장에서도, 덜컹대는 시내버스 안에서도, 그의 집 골방 안에서도, 낮밤 가리지 않고 계속되었다는 것을 알 수 있다.

여름밤이면 모기가 달려들어 온몸에 모기약을 뿌려놓고 책을 읽었다고 한다. 그의 어머니의 증언에 따르면 옆 동네에 그가 '광식이 아저씨'라고 부르는 대학생 형이 있었는데, 책을 읽다 모르는 한자가 나오면 잠자는 그를 깨워서라도 묻는 걸 망설이지 않았다고 한다.

그는 그렇게 공부해서 동료들에게 설문지를 돌리고, 그 결과를 분석해 시청의 근로감독관을 찾아간다. 지금까지 연구한 것을 근거로 감독권 행사를 요구하기 위해서였다. 그러나 냉소적인 감독관의 태도에 그는 참담함 그 이상의 것을 느끼고 만다.

어떻게 해야 세상이 바뀌는지 이미 알아버렸는데 그걸 못할 때의 심정은 그만이 알 것이다. 마지막 몸부림으로 그는 사업 계획서를 쓴다. 자신이 직접 착한 기업을 만들고자 한 것이다. 근로기준법을 준수하고 노동자에게 인간적인 대우를 해주면서도 얼마든지 돈을 벌 수 있다는 것을 세상에 보여주고 싶었을 것이다. 그러나 끝내 받아들여지지 않았다. 그 좌절감 속에서 얼마나 그는 자기 자신을 힐난했을까.

> 아무리 부한 환경에서 거부당한 사람들이지만 이 사람들도
> 체력의 한계가 있는 인간이 아닌가. 내가 직장생활 근 3년 고
> 생해서 얻은 건, 인격과 경제는 반비례한다는 것이다.[61]
>
> **_1967년 2월 22일 일기 중에서**

노동청에 넣은 진정도 결국 실패로 돌아가자 바보회도 해체된다. 설상가상으로 그가 죽기 6개월 전에는 무허가 건물 철거반에 의해 살던 집까지 헐린다. 그러나 그는 어제로 돌아가는 삶을 선택하지 않았다. 감히 생각하건대 이미 어떤 삶을 살아야 하는지 알았기 때문이 아니었을까. 이미 알아버렸는데 어찌 공장으로 돌아가 그 지옥 같은 생활을 견딜 수 있었을

까. 그의 선택은 불가항력이었으리라.

고대 그리스 시인이자 민중의 편에 섰던 철학자 솔론Solon은 "피해를 입지 않은 자가 피해를 입은 자와 똑같이 분노할 때 정의가 실현된다"고 했다. 그 당시 이런 정의가 있었다면 전태일 열사를 지킬 수 있지 않았을까.

당신과 상관없는 선과 악을 넘어라

자정이 다 되어가지만 지하철에는 여전히 사람이 많다. 다들 어디에서 왔으며 어디로 가는 걸까. 지하철을 기다리며 통통 부은 종아리를 주무른다. 가출한 영혼을 간신히 붙잡고 지하철을 탄다. 무엇을 위해 나는 이 시간까지 주경야독을 하는가.

시간의 노예에서 벗어나자 했는데 다시 제자리가 아닌가. 그런 나에게 오늘 수업은 제격이었다. 오늘은 니체의《도덕의 계보》를 강독했다.

인생을 단순하게 사는 방법이 있다. 모든 가치 판단을 자신에게 굿good이었나, 베드bad였나로 판단하는 거다. 스피노자와 니체에 따르면 자기 삶을 활기차게 만드는 게 '굿'이고 무기력하게 만드는 것이 '베드'다. 그러니 주어진 선과 악으로는 가치 판단을 하지 말라고 한다.

'그래, 나는 성공해야 해'라는 다소 투박하고 의식적인 노력으로 무작정 무엇을 찾기에 앞서 자신에게 질문을 던질 수 있다면, 그는 '굿'으로 살아가는 사람이다. '그래서 내가 정의하는 성공이 뭐지? 결국 돈과 시간, 사람들 간의 관계에서 자유로워지는 것이 내가 정의한 성공 아니었나? 그러면 우선 돈이란 무엇이고 시간이란 무엇이지에 대한 고찰이 필요하겠고, 그러려면 자본주의가 돌아가는 원리부터 공부해야겠네. 더불어 돈과 시간의 연관성도 공부하고, 관계 속 자유에 대해서도 공부해보자.' 이 과정에서 마주친 지혜와 전율과 공감과 자각, 그리고 회의는 어제의 나를 전혀 다른 사람으로 만든다. 분명한 건 철학자들은 자신의 '굿'을 관철시킨 사람들이었다는 것이다. 과연 나는 죽기 전에 나만의 '굿'을 관철할 수 있을까.

자기 삶에서 그게 굿인지 베드인지를 판단하고 선택하는 일. 쉬워 보이지만 정말 어려운 일이다. 정말 좋았나? 그걸 하면 삶에 활력이 드나? 그렇다면 그걸 선택하자. 니체는 '나'니까 좋은 거고 '나'니까 행복한 것이라고 말했다. 도처에 퍼진 선과 악 속에서 자기만의 굿과 베드를 외치자고 했다.

자신에게 굿과 베드가 있다는 걸 알고 나면 타인에게도 굿과 베드가 있다는 게 보인다. 아이를 진짜 사랑한다면 아이들이 추구하는 굿과 베드 역시 지켜줄 수 있어야 한다. 질서, 권력, 자본의 힘으로 그것들을 억압하면 안 된다. 그렇다면 어떤 방법으로 나의 굿과 베드를 관철시킬 수 있을까.

최상의 비유라고 한다면 마땅히 불멸이 아니라 시간의 흐름
과 생성에 대하여 이야기해주어야 한다. 그리고 그런 비유는
일체의 덧없는 것들에 대한 찬미가 되어야 하며, 정당화가 되
어야 한다.[62]

_ 니체

사람들은 계속 공격할 것이다. 왜 남들은 다 굿이라고 하는
데 너는 그걸 베드라고 하느냐고. 그럴 때 우리는 답할 수 있
어야 한다. 자신이 생각하는 굿이 왜 굿인지 정당화할 수 있어
야 한다. 기꺼이 그들을 설득할 수 있는 수준의 사람이 되어야
한다. 그러려면 정당화할 수 있는 새로운 가치를 만들어야 한
다. 이게 니체가 생각한 어린아이의 모습이다.

아무리 고민해도 자신에게 '굿'이면 '굿'인 거다. 그건 영원
하다. 숨길 수도 없다. 그래서 니체는 정당화의 비유를 덧없는
것들에 대한 찬미라 했을 것이다. 남들에겐 덧없어 보일지라
도 내가 느끼기에 굿이라면 영원하니까 말이다.

강하다는 것

그럼에도 불구하고

고전을 고전으로만 읽으면 현실이 보이지 않는다. 반대로 현실을 현실로만 해결하려고 하면 고전은 무용지물이 되어버린다. 고전과 현실이 만났을 때 느낀 쾌락은 세상이 나에게 준 답을 찾은 것만 같았다.

직면한 문제가 돈과 관련이 있어 자본의 본질에 대해 알고 싶다면 그때는 마르크스의 책이 읽힌다. 가족 문제로 답답하다면 카프카의 소설이 잘 읽히고, 노예로 살기 싫다면 니체나 스피노자가 절절하게 읽힌다.

내가 사랑한 고전 속 철학자들의 표어는 "그럼에도 불구하고 내 철학대로 살겠다"였다. 그들은 누구보다 강한 사람들이었다. 당장의 행복을 선택한 사람들이었다. 장자莊子도 그랬다.

> 초 위왕이 장주가 현명하다는 말을 듣고 사자를 통해 많은 예물을 보내 영입하며 국정을 총람하는 자리를 약속했다. 그러나 장주는 웃으며 초의 사자에게 말했다.
>
> "그대는 빨리 가시오! 나를 욕되게 하지 마시오! 나는 차라리 더러운 개천 속에서 스스로 즐기며 군왕에 얽매이지 않고 종신 관직을 하지 않으며 내 뜻을 즐길 생각이오."[63]

'장주莊周'는 장자의 이름이다. 우리가 아는 장자는 '장 선생님'을 뜻한다. 그래서인지 텍스트에 '장주'라고 되어 있다면 기교나 칭송 없이 객관적일 가능성이 높다고 한다. 객관적으로 봐도 장자는 설득되지 않는 사람, 당당한 사람이었다. 누구보다 자유를 제대로 실천한 사람이다. 왕이 불렀는데 자신을 더럽히지 말라는 사람이었으니까. 왕은 자신을 죽일 권력이 있는데도, 그는 죽음을 전혀 두려워하지 않았다.

도행지이성 道行之而成

길은 걸어가야 만들어진다.

이처럼 장자는 내가 걸어 다녀야 길이 만들어진다고 말한다. 장자에게 주어진 도道라는 건 없다. 도는 자신이 만드는 거니까. 대서양을 넘어 니체를 불러오는 대목이다.

가령 현재를 살기 위해 미래를 희생한 마취제가 있다면 어떠할까? 아마 현재의 삶이 좀 더 안락하고 덜 위험하지만 또한 보다 하찮은 방식으로 더 저열해지는 것은 아닐까? … 그 도덕이야말로 위험들 중의 위험이라고 봐야 하지 않을까?[64]

늘 궁금했다. 니체는 어떤 삶을 살았기에 내게 딱 필요한 말을 해주는 것인지. 그는 늘 두통에 시달렸다고 한다. 오죽했으면 한 시간만이라도 온전히 책상에 앉아 글을 쓰는 게 소원이었을까. 니체의 말은 누워서 생각하고 또 생각해서 나온 문장인 것이다. 2백 년 후 사람들에게 울림을 주는 문장을 쓰게 해준 니체의 두통에 감사해야겠다.

니체의 말처럼 강한 사람은 자신이 왜 사는지 아는 사람이다. 혹여 왜 사는지 몰라도 기꺼이 쉬운 길로 가지 않는 사람이다. 어려운 길을 가서라도 자신이 사는 이유를 찾는 사람이다. 이렇게 단련된 사람들은 어디에서 누구를 만나도 덜 흔들리지 않을까.

이런 이들은 쉽게 갈 수 있는데도 어렵게 간다. 내가 좋아하는 배우의 좌우명이 "쉬운 길로 가지 않는다"이다. 그래서인지 작품이 대박이 나면서 들어온 광고를 마다하고 연극을 한다. 남들처럼 살면 안전하다. 쉬운 길이다. 그러나 그 길의 끝이 오히려 더 위험할 수 있다. 이럴 때 용기가 필요하다. 위험하게 살 용기. 니체가 말한 대로 남들과 다르게 자신만의 방법으로 살 수 있는 용기 말이다.

우리가 바라는 강함은 이런 것이 아닐까. 카드값, 월세, 학자금 대출, 생활비, 공과금에도 불구하고 생에 한 번은 해보고 싶었던 것을 하기 위해 피곤함을 기꺼이 즐기는 용기 말이다. 노동하는 시간은 향유하는 시간을 위해서 존재한다는 사실을 잊지 말자고 철학은 계속 우리에게 말한다.

5장

왜 나는 자유를 원하는가

○   우리는 자유롭도록
                                          저주받은 존재

죽음을 선택할 자유

누군가 나에게 제일 중요한 가치가 뭐냐고 묻는다면 나는 '자유'라고 답할 것이다. 철학을 공부할수록 내가 읽고 경험한 만큼만 내 인생철학으로 해석할 수 있다. 이미 눈치챘겠지만 존재하는 철학자 수만큼의 철학이 있기에, 나를 건드리고 움직이게 하는 철학자만 골라서 인용하고 있다.

들뢰즈는 1995년, 그의 나이 70에 아파트에서 투신자살했다. 평소 스피노자와 니체를 선망한 그였다. 누구보다 실천과 생성, 실험정신을 중요하게 여긴 그가 자살한 이유는 과연 무엇이었을까.

죽음은 안으로부터 의지되지만, 언제나 바깥으로부터 오고, 수동적이고 우연한 어떤 다른 형태를 통해 온다. 자살은 모습을 감추고 있는 그 두 얼굴을 일치, 합치시키려는 어떤 시도이다.[65]

당시 그는 지병이 많아 몸을 움직일 수 없었다고 한다. 자유의지로는 아무것도 못 하고 타자에 의해 움직이는 삶. 그에게는 살아도 죽은 것이 아니었을지 감히 생각해본다. 그러던 어느 날 갑자기 몸을 움직일 수 있고, 창가까지 갈 힘이 생긴 것이다. 그는 있는 힘껏 창가로 기어갔을 것이다. '내가 죽을 수 있는 마지막 기회다.' 어마어마한 사람이다. 잠시나마 움직일 수 있을 때 죽겠다는 이런 비장한 자유가 또 있을까. 그에게 자살은 자신의 철학을 지키려는 어떤 시도가 아니었을까.

좋아하는 외국 영화배우가 있다. 지금은 우리 곁에 없는 로빈 윌리엄스Robin Williams다. 그의 죽음도 자살이다. 〈패치 아담스〉라는 영화를 본 이후부터 나는 그의 웃음을 참 좋아했다. 그는 왜 그런 선택을 했을까. 세간에 알려진 대로 우울증이 원인의 전부였을까. 그의 측근에 따르면 그는 치매를 앓고 있었다. 그리고 그가 죽기 바로 전에는 온전한 기억을 가지고 있었다고 증언한다. 감히 추측해보건대, 점점 기억을 잃어가다 잠시 기억이 돌아왔다면 그 또한 온전한 상태로 죽음을 선택한 것은 아닐까. 이유는 그만이 알 것이다.

영화 〈캐스트어웨이〉에 잊을 수 없는 대사가 나온다. 우연히 탄 비행기가 표류한다. 주인공은 무인도에서 무려 4년을 살다가 기적적으로 탈출에 성공한다. 다시 도시로 돌아온 그는 이런 말을 한다.

"내가 선택할 수 있었던 건 언제 어디서 죽을지를 결정하는 거였어."

살고 싶었을 것이다. 미치도록 살고 싶고 거기서 나가고 싶은데 도저히 방법이 없을 때, 주인공은 생각했을 것이다. '그래, 그럼 나를 죽이는 건 이 상황이 아닌 내가 하겠다. 내 스스로 하겠다.' 그때는 이것이 선택지의 전부였을 거다.

빅터 프랭클Viktor Frankl이 쓴 책 《죽음의 수용소에서》에서도 어찌하지 못하는 자유의 민얼굴이 보인다. 저자는 말한다.

> 수용소에는 남을 위해 희생한 사람들이 있었다. 수용소에서 그들이 했던 행동, 그들이 겪었던 시련과 죽음은 하나의 사실, 즉 마지막 남은 내면의 자유는 결코 빼앗을 수 없다는 사실을 증언해주고 있다. 그들의 시련은 가치 있는 것이었고, 그들이 고통을 참고 견뎌낸 것은 순수한 내적 성취의 결과라고 할 수 있다. 삶을 의미 있고 목적 있는 것으로 만드는 것. 이것이 바로 빼앗기지 않는 영혼의 자유다.[66]

내 옷을, 내 몸을, 내 노동을, 내 시간을 다 빼앗아도 내 자유는 빼앗지 못한다. 유대인들에게 자유가 있었을까 싶지만, 그들에겐 언제 죽을지를 선택할 자유가 있었다. 지급받은 물이나 커피 가루를 마시고 씻지 않으면 몰골이 이상해져 더는 노동할 가치가 없는 자로 낙인찍혔다. 그렇게 해서 가스실로 갈 것인지, 아니면 반은 마시고 반은 씻어 노동을 할 수 있다고 어필해 죽음을 미룰 것인지의 싸움 말이다.

실존주의 철학자 사르트르는 우리가 자유롭도록 저주받은

존재라고 말했다. 그의 철학은 존재와 실존을 구분한다. 의자나 책상처럼 본질이 이미 정해진 사물들은 자유가 없는 '존재'다. 반면에 본질이 미리 정해지지 않은 인간은 자신의 본질을 스스로 만드는 '실존'이다. 결국 우리는 자유를 갈망할 수밖에 없는 실존인 셈이다.

반응적 인간

세상의 상식, 도덕, 양심이 아무것도 하지 말고 욕망을 억누르라며 쉴 새 없이 떠들어댄다. 그 속에서 우리는 이건 괜찮을까, 이건 참아야 할까 갈등하다 결국 위축되고 만다.

그러나 잊지 말아야 할 사실이 있다. 실제 행위를 하는 주체는 그 누구도 아닌 나 자신이라는 점이다. 규범이나 도덕, 상식 따위의 잔소리에 얽매이지 않고 자신이 진심으로 원하는 일을 굳건히 관철해나가라. 그러는 동안 방해되는 것, 쓸모없는 것, 불필요한 것은 자연히 떨어져나갈 것이다. 그 누구의 눈치도 볼 필요 없다. 그저 굳게 결심하고 열정적으로 행동하라.[67]

_니체

그 누구의 눈치도 보지 말라는 니체의 말은 내 인생 전반을 뒤흔들었다. 나는 그 누구보다 눈치를 보고 산 사람이다. 만약 눈치 보기 대회라도 열린다면 상위권은 내 차지일 것이다.

한때는 노예 근성이 있는 내가 미치도록 싫었다. 싫어도 좋은 척 웃는 피에로 가면을 쓴 채 하루 종일 가식을 떨어대는 내가 미웠다. 제발 좀 그만하라고 내 자신에게 소리를 지르며 매일을 살았다. 니체는 수동적이고 약한 인격체를 '반응적 인간'이라 불렀다. 나는 누구보다 반응적 인간이었다. 불편한 것을 잘 참는 내 자신이 진짜 불편했다.

그런 내가 권력을 쥔 자에게 보인 반항 아닌 반항은 웃고 싶을 때만 웃는 거였다. '웃어야 할 때' 가 있고 '웃지 말아야 할 때'가 있다는 것을 그때 알았다. 마음은 절규하는데 겉으로 웃고 있으면 사람들은, 특히 권위로 나를 통제하려는 자들은 진짜 웃고 싶어서 웃는 걸로 판단하고는 했다.

눈치 보지 않는 연습은 아직도 진행 중이다. 사실 조직에서 눈치를 보지 않는다는 것은 불가능에 가깝다. 그래도 조그만 틈을 만들어보고 싶었다. 내가 숨 쉴 틈. 나의 경우 '잊지 않음'으로 밀고 나갔다. 그 '잊지 않음'은 나에게 자유가 있음을 잊지 않음이며, 내가 행위의 주체라는 걸 잊지 않음이다.

이런 내게도 할 말이 있기에 생각을 정리해 쓰고 싶은데 상담 전화가 밀려온다. 처우개선비가 어떻고 지금 건강보험공단 수가가 얼마인지 한참 떠들다 보면 원래 쓰려고 했던 나만의 메시지는 모두 새가 되어 날아간다. 화장실에 가다 문득 다시 생각나면 휴대전화 메모장에 부랴부랴 쓴다. 정말 나란 인간은 자유롭고 싶어 저주받은 존재다.

> 우리는 더욱 상세하게 '미래'의 존재에 대해 질문을 던질 수 있다. 왜냐하면 내가 있어야 할 것으로 있는 이 미래가 단순히 존재의 저편에 있어서 존재에 현전現前할 수 있는 '가능성'이기 때문이다. … 한마디로 대자對自는 자유롭다. 자유롭다는 것은 자유롭도록 저주받은 것이다. … '미래'는 존재하지 않는다. '미래'는 자기를 가능화한다.' '미래'는 현재적인 '대자'의 의미로서, 그것도 이 의미가 문제적인 한에 있어서, 또 이 의미가 그런 것으로서 현재적인 대자에서 근본적으로 빠져나가는 한에 있어서 '여러 가능'의 계속적인 가능화이다.[68]

사르트르의 말처럼 누구에게나 "단순히 존재를 넘어서 존재에 대해 현전할 수 있는 나의 가능성"이 있다고 믿는다. 우리는 인간이니까. 오직 인간만이 정해진 본질의 지배를 받지 않는다. 자신의 본질을 새롭게 만들 수 있고 또 만들어야만 하는 존재가 바로 인간이다.

반성은 대자가 자기 자신에 대해 '자신이 있는 그대로의 것'
으로 있기 위해 존재할 때의 존재의 한 형식이다. … 특히 반
성하는 것은 자기 자신이 자기를 회복하기 위해 자기를 무화
하는 반성된 것이다.[69]

이것이 가능한 이유는 우리는 반성하고 성찰하는 존재이기
때문이라고 사르트르는 말한다. 주어진 의미 체계나 문맥에
갇혀 사는 걸 자유라고 착각하지만 않으면 새로운 가능성은
얼마든지 있다. 과거나 현재와는 다른 자신을 의지에 따라 결
정할 수 있으니 말이다.

새는
새로 기르자

나는 저 사람을 모른다

바닷새가 노나라 서울 밖에 날아와 앉았다.

노나라 임금은 이 새를 친히 종묘 안으로 데리고 와 술을 권

하고, 구소의 음악을 연주해주고, 소와 돼지, 양을 잡아 대접

했다.

그러나 새는 어리둥절해하고 슬퍼할 뿐, 고기 한 점 먹지 않

고 술도 한 잔 마시지 않은 채 사흘 만에 죽어버리고 말았다.

이것은 자기와 같은 사람을 기르는 방법으로 새를 기른 것이

지, 새를 기르는 방법으로 새를 기르지 않은 것이다.[70]

_장자

노나라 임금은 과연 새를 사랑한 걸까. 자기 혼자 좋은 게 사랑일까. 임금은 술을 권하고 노래를 들려줄 때, 죽어가는 새의 표정을 보지 못했다. 자신이 좋으면 상대방도 좋을 거라고 판단하는 게 무슨 사랑일까 싶다.

> 사랑은 무언의 해석에서 태어나고 또 그것으로 양육된다. 사랑받는 존재는 하나의 기호, 하나의 '영혼'으로서 나타난다.[71]
>
> _들뢰즈

아이를 자신의 소유라고 착각하지 말아야 한다. 아이는 하나의 고유성이 있는 영혼이다. 부모도 모르는 어떤 가능성의 세계를 가지고 있다. 들뢰즈의 표현처럼 진짜 아이를 사랑하는 부모라면 그 아이의 감추어진 세계를 인정하고 펼쳐 보이고 전개시키고자 노력해야 한다. 아이가 좋아하는 게 만화라면 공부만 강요하지 말고 그림을 그리게 해야 한다. 아이가 하나의 '영혼'으로 보일 때 비로소 그 아이를 사랑하는 것이다.

> 본질이란 무엇인가?
>
> 그것은 하나의 차이, 궁극적이고 절대적인 차이다.[72]

들뢰즈는 한 사람의 본질은 '차이'이기 때문에 대체할 수 없다고 했다. A라는 사람이 죽으면 A가 느꼈던 이 세상도 없다. 어떤 가수가 노래를 부르다 이 세상을 떠났다면, 그 사람만의 새로운 노래를 더는 들을 수 없다. 그의 목소리는 대체할 수 없으니까.

사람은 모두 대체할 수 없는 고유성을 지니고 있다. 내 아이도 물론 그러하다. 그러니 아이를 옆집 아이와 비교하거나 형제, 자매와 경쟁하게 하지 말자. 외형은 나와 닮았지만 아이는 나와는 다른 사람이다. 철학은 이런 마음으로 모든 사람을 대하라고 말한다.

> 도대체 우리가 안다고 생각하는 것이 사실은 모르는 것이 아니라고 장담할 수 있겠는가? 우리가 모른다고 생각하는 것이 사실은 아는 것이 아니라고 장담할 수 있겠는가.[73]
>
> _장자

어릴 때부터 속으로 한 말이 있다. '엄마도 나를 다 모른다.' 나도 나를 모를 때가 있는데 어찌 엄마가 나를 다 알까.

"나는 저 사람을 모른다"가 오히려 사랑의 시작이라고 한다. 내 아이니까 다 안다고 생각하면 사랑은 거기서 끝난다. 내가 발라드를 좋아하니 우울해하는 내 아이에게 발라드를 틀어주는 건 사랑이 아니다. 진짜 사랑한다면 자신이 원하는 게 아니라 그 사람이 원하는 걸 해줘야 한다.

지역아동센터에서 실습을 하면서 만난 선생님 중에 위대한 엄마가 있었다. 그분의 둘째 아들은 자폐증을 앓고 있었는데, 아들에 대한 말 속에서 아들을 사랑하는 마음이 다 보였다. 아이를 남들에게 쉬쉬하거나 숨기지 않았다. 이 세상에 하나뿐인 내 아이니까.

아이를 사랑한다면 그 아이가 원하는 것을 같이 사랑할 줄 알아야 한다. 동시에 자신이 원하는 건 포기할 수 있어야 한다. 물론 쉬운 일은 아니다. 그러나 만약 이것이 계속 쉽지 않다면 아이를 사랑하는 게 아니다. 기억하자. 새는 새로 기르자.

내가 만난 아이

그 아이를 처음 만났을 때가 눈에 선하다. 눈동자는 반쯤 풀려 있고 몸은 곧 지면과 합일을 이룰 기세였다.

"이름이 뭐야?"

"…"

나는 무참히 씹혔다. 그도 그럴 것이 나는 그곳이 처음이었 지만 그 아이에게는 사회 복지 실습을 하러 온 수많은 어른이 똑같이 해대는 질문이었을 테니까. 왜 왔고, 얼마나 있다 갈지 의 반복. 그런 것도 모르고 내가 실수를 한 셈이다. 나는 방법 을 바꾸기로 했다.

애초 내게 주어진 미션은 종일 아이들을 돌보면서 하루 분 량 문제집을 풀게 하고 채점을 하는 것이었다. 그런데 역으로 생각해보았다. 아이들도 이제 막 학교에서 지역아동센터로 왔다. 기관에서 또 다른 기관으로 온 것이다. 그것도 타의에 의해서. 아이들에겐 자신이 문제집을 풀어야 하는 이유에 대 한 전제가 전혀 없어 보였다.

진호도 그랬다. 화가 난 것 같은 모습이었다. 작은 키에 화의 기운만 가득한 이유를 생각해보았다. 진호는 다문화 가정의 아이였다. 아버지 없이 필리핀인 엄마와 형, 이렇게 셋이 살았다. 진호는 궁금했을 것이다. 자신은 왜 이 땅에서 다른 친구들과 다르게 분류되고 다르게 불리는지가 말이다.

진호가 무심코 하는 말들에서 유추할 수 있었다. 진호는 자신의 피부색을 재료로 삼아 놀리는 말을 많이 들으며 자랐다고 했다. 알게 모르게 그런 말들이 심장에 박혔을 것이다. 아이는 유난히 애정을 갈구했다. 그런 진호에게 센터의 룰은 어떠한 치유도 되지 못했다.

진호는 그림 그리는 것을 좋아했다. 나는 문제 풀이 대신 그림을 그려보자고 제안했다. 전부터 문제는 풀지 않고 여백에 그림만 그리다 선생님에게 혼나는 모습을 몇 번 보았기 때문이다. 아니나 다를까 진호는 호기심을 보이기 시작했다.

무언가를 창조하려고 한다면 어린아이를 유심히 지켜보라. 어린아이가 비밀을 말해줄 것이다. 어린아이는 의도를 갖거나 기대하지 않는다. 창조를 통해 무언가를 얻으려 하지 않는다.

하나하나가 새로운 시작이다. 그럼에도 기를 쓰지 않는다. 힘들이지도 않는다. 창조조차 유희이다. 모든 것을 오롯이 홀로 해낸다. 거기에는 성공도 실패도 없다. 모든 행동 하나하나가 유일무이한 기쁨을 가져다준다. 온갖 것을 재료로 하며, 모든 재료를 있는 그대로 긍정한다. 자신의 손으로 만든 모든 것을 긍정한다. 그야말로 성스러운 긍정이다.[74]

_니체

사랑하지 않을 자유

서브병

'서브병'이라는 신조어가 있다. 주인공 옆에서 서브하는 역할을 좋아하는 이를 일컫는 말이다.

이상하게 내가 좋아하는 배우마다 주인공을 혼자 몰래 좋아하는 역할을 한다. 그들은 결연한 마음으로 자신을 좋아하지 않는 그녀를 이해하고 존중한다. 그러다 결국에는 자신의 마음을 그대로 숨기거나 혹은 조용히 드러내고 떠난다. 그에게 그녀를 좋아할 자유가 있듯 그녀 역시 그보다 다른 이를 좋아할 자유가 있음을 그는 안다. 너무 잘 안다. 그게 나를 설레게 한다.

우리는 흔히 내가 좋아하는 사람이 나를 전혀 좋아하지 않으면 비극이라 생각한다. 그런데 그게 마냥 비극일까? 저 사람이 알고 싶어. 저 사람이 궁금해. 한 번이라도 이런 마음을 갖고 살아봤다면 그 자체로서 좋은 것 아닐까. 그 과정에서 그 사람을 알아가는 두근거림도 있었을 것이고, 그 사람이 자신에게 주는 불확실성에 애타는 마음도 있었을 것이다. 그 파동들은 이미 그가 내게 준 것이다. 그러니 그가 나를 거부할지라도 괜찮다. 나는 그 과정을 즐겼으니까. 들뢰즈는 이것을 기호라 불렀다. 타자가 주는 기호.

> 사유하도록 강요하는 것이 바로 기호이다. 기호는 우연한 마주침의 대상이다.[75]

종각역에 가면 문득 기억이 되살아난다. 따뜻하게 나를 바라보던 눈과 상처받고 흔들리던 눈, 겨울에도 따뜻했던 투박한 손과 개찰구 앞에서 나를 꼭 안아주던 팔. 우리는 영원을 약속한 사이였다. 그와 나의 아이를 상상하며 같은 길을 걷자 했는데 거기까지였다. 강해 보이려 애썼지만 속은 누구보다 여렸던 그는 살아가며 겪은 아픔들을 등에 짊어진 사람이었다. 아픈 편견과 특유의 고집으로 쓴 미소를 짓게 한 사람이기도 하다.

관계에서는 어떤 결과든 한쪽만의 책임이 아니다. 손을 먼저 내밀어도 힘이 빠질 수 있고 그러다 보면 상대방도 손을 놓게 마련이다. 손을 잡는다는 건 두 사람이 동시에 적절한 힘을 쥐야 하는 일이다. 좋아하는 노래가 종각역에만 가면 아프게 들린다.

나도 노력해봤어 우리의 이 사랑을
아픈 몸을 이끌고 할 일을 끝낼 때처럼
사랑을 노력한다는 게 말이 되니

너는 아직 아무것도 모르고만 있는데
어떻게 말해야 할지 나도 모르겠어.
그렇게 널 만나러 가

_박원, 〈노력〉 중에서

졸혼

나이 오십 이전의 나는 정말로 한 마리의 개에 불과했다. 앞
의 개가 그림자를 보고 짖으면 나도 따라서 짖어댔던 것이다.
만약 남들이 짖는 까닭을 물어오면 그저 벙어리처럼 쑥스럽
게 웃기나 할 따름이었다.[76]

_ 이지李贄

　여기 1572년에 중국에서 태어난 한 남자가 있다. 원래 이름
은 재지載贄, 호는 탁오卓吾. 스물아홉 살의 나이에 관직에 올라 쉰
다섯 살까지 중국 운남성 요안의 지부知府라는 벼슬까지 한 남
자. 그 시절의 누구나 그랬듯 그도 유학에서 요구하는 남편의
도리, 아버지의 도리, 가장의 도리를 충실히 수행하며 살았다.

　그런 그가 예순네 살의 나이에 갑자기 머리를 깎더니 속세
를 떠났다. 그가 그럴 수 있었던 건 그의 부인이 먼저 세상을
떠났기 때문이다. 부인이 떠나면서 새 부인을 들이라고 했지만
그는 전혀 그럴 마음이 없었다. 부인이 없는 지금이야말로 가
장의 무게, 남편의 무게에서 벗어날 수 있는 기회였기 때문이
다. 자신의 도리는 다했으니 이제부터는 자신의 진짜 삶을 살

　　　　　　　　　　　　　　　　　　　　　을乙의 철학

겠다는 것이었다. 철학자들은 참으로 비범하기 그지없다.

그전까지 이지는 그저 자신의 도리를 묵묵히 수행하는 사람 그 이상도 그 이하도 아니었을 것이다. 그저 관념적으로, 도덕적으로, 윤리적으로 살아야 했으니까.

반백 년 자신의 삶을 개처럼 살았다고 말하는 이 남자. 더 이상 따라 짖는 개로 살지 않겠다고 선언한다. 주위 사람들이 익숙해진 삶에서 생기를 잃을 때 다른 삶을 발견하고 다른 심연을 응시하기로 마음먹었다.

요즘 나이 드신 분들이 '졸혼(결혼 졸업)'을 종종 한다. 그런 기사를 접할 때면 여지없이 이지가 생각난다. 1500년대에도 있었던 정신이 지금이라고 없으란 법은 없다. 사랑할 자유가 있듯이 사랑하지 않을 자유도 있다.

있는 그대로
볼 자유

잔혹성

철학 시간에 배운 것 중 계속 생각나는 단어가 있다. 바로 '잔혹성'이다. 우유부단함의 반대에 있는 단어. 있는 그대로 볼 줄 아는 잔혹성, 그래서 둘 중 하나는 포기해야 하는 잔혹성 말이다.

> 본다는 것은 눈의 발생 당시의 의도였던 것이 아니라 오히려
> 우연히 기관을 정리했을 때 모습을 나타냈다고 하는 커다란
> 결론에 도달하지 않을 수 없다. 단 하나의 그와 같은 예가 있
> 는데, 우리가 목적이라는 혼미의 꿈으로부터 깨는 것이다.[77]
>
> _니체

사람들은 흔히 목적론적인 환상을 갖는다. 자신에게 일어나는 일들이 필연이고, 어떤 초월적 힘에 의해 목적이 부여되었다고. "눈은 뭔가를 보기 위해 존재하는 거야" 같은 것 말이다. 그런데 니체는 단호히 말한다. 눈은 그냥 눈이라고. 비슷한 맥락에서 동양철학의 핵심은 바로 '중도'이다.

> 여러 가지 인연으로 생生한 존재를 나는 무無라고 말한다. 또 가명假名이라고도 하고 또 중도中道의 이치라고도 한다. 인연으로부터 발생하지 않는 존재는 단 하나도 없다. 그러므로 일체의 존재는 공空 아닌 것이 없다.[78]
>
> _나가르주나Nagarjuna

있는 그대로 보고 산다는 게 과연 가능할까. 어떠한 집착도 없이 세상을 공空으로 보는 사람이 과연 있을까. 대부분은 자신에게 주어진 고통을 있는 그대로 보지 못하고 애써 외면하며 산다. 자기 얼굴에서 주름이 보이고 흰머리가 발견되면 가슴이 철렁한다. 당연한 일인데도 말이다.

어른들은 아이들에게 잘못된 환상을 심어준다. 밤사이 죽어버린 반려견, 아침에 녹아버린 눈사람을 아이들에게 있는 그대로 설명하지 못한다. 이제 막 달콤한 꿈에서 깬 아이들에게 동심으로 포장한 말들을 한다. 그 강아지, 그 눈사람은 자기 엄마를 찾아서 더 좋은 곳으로 갔다고 말이다.

하지만 인도의 승려 나가르주나는 있는 그대로 알려주라고 말한다. 그 강아지는 죽었다고, 이제 존재하지 않는다고. 눈사람은 녹아서 없어졌다고. 이렇게 있는 그대로 봐야 오늘을 살수 있다고 말이다.

또 다른 잔혹성은 '포기'다. 1번과 2번 중 하나만 선택해야하는 순간이 있다. 1번도 장점과 단점이 있고 2번도 장점과 단점이 있다. 이때 철학은 알려준다. 선택한 것에서는 단점을 봐야 하고, 포기한 것에서는 장점을 봐야 한다고.

사진 찍는 일을 생업으로 삼고 싶어서 대기업을 나오려는 사람이 있다고 하자. 그 좋은 연봉과 소속이 주는 안락함을 포기하고, 당장 생계가 힘들어질지라도 자신이 하고자 하는 일을 선택하는 것이다.

단점에도 불구하고 선택했다는 점, 장점에도 불구하고 포기한다는 점이 잔혹성이다. 그것을 감당하면 후회가 적다고 철학은 알려주었다.

자유로부터의
도피

변하지 않는 사람들

저 멀리 만원 버스가 온다. 이미 꽉 찬 버스에 내 몸 하나 치댈 공간을 찾아 밀어붙이고 보는 삶을 살았다. 밀어붙여야 앞으로 갈 수 있다고 생각했다. 하지만 그렇게 탄 버스를 숨이 막혀 두어 정거장 뒤에 내리고 만다. 정류장에 앉아서 처음으로 자발적 고독의 시간을 가져보았다. 처음에는 얼얼한 냉기가 찾아왔다. 외로움에 파르르 떨며 무리에서 혼자 낙오한 존재의 상실감을 느끼던 찰나, 다시 만원 버스가 내 앞에 도착했다. 잠시 후 나는 고단한 승차를 반복한다. 자유로부터의 도피를 위해서.

인간은 자유를 추구하기보다는 자유로부터 도피하고자 한
다.[79]

_프롬

우리는 자유가 주는 기분을 '자유' 그 자체와 혼동한다. 자
유가 주는 기분에는 책임이나 용기가 없다. 우리는 말로만 자
유를 원한다고 한다. 그러고는 자유를 외면한다. 책임질 용기
도, 미움받을 용기도, 미셸 푸코[Michel Foucault]의 말처럼 진실을
말할 용기도 없기 때문이다. 그런 우리에게 니체는 과거에서
이제 그만 나오라고 말한다.

차라리 죽음을 택하고 싶은 만큼 번민하고 고뇌하며 고난을
뛰어넘은 자는 과거의 자신으로부터 완전히 탈피한다.
새로운 빛과 어둠을 체험함으로써 전혀 다른 자신으로 변모
한다.
그런 후에는 주변 사람들이 오래된 유령처럼 보이는 법이다.
지인들의 목소리는 전혀 현실감이 없으며 마치 희미한 그림
자의 목소리처럼 들린다.
심지어 시야가 극히 좁은, 풋내 나는 미숙한 영혼으로 느껴지

기도 한다.

말하자면 자기극복을 치열하게 거듭하는 자일수록 더 많이, 더 격렬히 성장하고 변화한다.[80]

_니체

고착된 자의식으로만 세상을 살아간다면 새로운 삶을 열수 없다. 어제와 이별할 수도 없다. 그때그때 회피해버리니 말이다. 새로운 삶을 살아가는 타자들을 구경만 하면 과거의 자신으로부터 탈피할 수 없다.

철학이 진짜 무서울 때가 있다. 바로 절대 고독의 길을 홀로 걸으라고 할 때다. 자꾸 자유를 원한다면서 현실을 외면하는 나에게 자발적 고독의 시간을 가지라고 한다. 넘어진 자리에서 홀로 일어서라 하고, 누구에게 의지하거나 무언가에 기대지도 말고 스스로 과거와 단절하라고 한다. 정해진 운명 같은 것을 맹신하는 대신 자신을 둘러싼 세계의 우연한 마주침 속 불안을 가슴에 담은 채 살아가라고 한다.

삶의 현기증을 유발하는 바닷물은 그만 마시고 이제는 생수를 마시라고 한다. 자기 생을 다시 붙잡을 물을 마시라고 말이다. 나에겐 그 생수가 철학이었지만 누군가에게는 음악일 수도, 운동일 수도, 여행일 수도, 모르는 것을 아는 짜릿함일 수도, 지켜주고 싶은 사람일 수도, 누군가를 웃게 하는 일일 수도, 배고픈 길고양이에게 밥을 주는 일일 수도 있다.

그렇게 내게 던져진 질서 속에서 어느 순간 혼자 멈추었다. 멈추고 나서야 여기와 다른 질서도 있음을 알려주는 텍스트들을 마주하게 되었다. 그 종이를 더듬으며 이전과는 다른 씨름을 한다. 실랑이를 할수록 버벅거리기만 했던 지난날의 씨름과는 분명 다르다.

지루한, 너무나 지루한 서사에 자기 몸을 구겨가며 진부하게 살 필요 없다. 칸트의 말처럼 '자기로부터 시작하는 능력'이 자유다. 자신을 가두는 경향성에서 벗어나야 한다. 자기 서사는 자기가 개시하는 것이다.

6장

어떤 충동까지 버틸 수 있는가

나는 그 말이
왜 힘든가

비트겐슈타인

비트겐슈타인은 말했다. 사람들은 말할 수 없는 것을 기어이 말한다고. 저 사람은 어떤 이유로 그랬다며 쉽게 판단하고, 저 사람은 어떨 것이라고 쉽게 단정 짓는다. 《논리-철학 논고》에서 그는 말할 수 있는 것과 말할 수 없는 것을 이렇게 나눈다.

실로 언표할 수 없는 것이 있다. 이것은 드러난다. 그것이 신비스러운 것이다. 말해질 수 있는 것, 그러므로 자연과학의 명제들 ─ 그러므로 철학과는 아무런 상관이 없는 어떤 것 ─ 이 외에는 아무것도 말하지 말고, 다른 어떤 사람이 형이상학적인 어떤 것을 말하려고 할 때는 언제나, 그가 그의 명제들

속에 있는 어떤 기호들에다 아무런 의미도 부여하지 못했음을 입증해주는 것 — 이것이 본래 철학의 올바른 방법일 것이다. … 말할 수 없는 것에 관해서는 침묵해야 한다.[81]

비트겐슈타인이 이야기한 '말할 수 있는 것'은 과학적이고 검증된 것들이다. 예를 들어 "가을이 가면 겨울이 온다"든지 "이것은 10센티미터입니다" 같은 말들. 오해가 생길 리 없는 언어들이 바로 말할 수 있는 것이다.

그러면 그가 생각하는 '말할 수 없는 것'은 무엇일까. 바로 오해의 소지가 될 수 있는 모든 언어다. 예를 들면 윤리적이고 종교적인 소재, 개인의 감정 같은 것은 검증할 만한 명확한 대상이 없기에 '말할 수 없는 것'이라고 명명했다.

우리는 사랑이라는 낱말을 섣불리 추측한다. '사랑은 희생'이라거나 '사랑은 숭고하다'는 추측 말이다. 하지만 이렇게 '사랑'이라는 낱말이 가지는 선입견에 사로잡혀 정작 사랑은 하지 못하고 겉돌기만 한다.

언어를 자주 쓰다 보면 삶 자체가 가벼워질 수 있다. 무거운 짐 한번 같이 들어주지 않고 힘들 때 도망치면서 말로만 사랑한다고 하거나, 심지어 사랑하지 않는 사람에게 사랑한다는 말을 남발한다. 그래서 비트겐슈타인은 차라리 침묵하라고 한 것이다.

> 말의 쓰임에 있어서 우리는 '표층문법'을 '심층문법'과 구별할 수 있을 것이다.[82]

여기에서 더 나아가 비트겐슈타인은 문맥 파악에 대해서도 언급한다. 선입견을 제거하고 문맥을 잘 읽으라고 말이다. 그에게 감동한 부분이 바로 이 '문맥'이었다. 비트겐슈타인은 생각하지 말고 문맥을 제대로 보라고 했다. 상사나 스승이 혹여 자신에게 거친 말을 하더라도 그 언어의 문맥 안에서 애정을 발견한다면 다르게 해석할 수도 있다.

비트겐슈타인은 부유한 집안에서 태어나 도시에서 살아온 전형적인 도시 남자였다. 그러던 그가 돌연 오스트리아 시골에서 6년간 초등학교 교사 생활을 한다. 그곳에서 그는 아이들 교육 문제로 시골 주민들과 심각한 갈등을 겪었다. 갈등의 원인은 다름 아닌 언어의 문맥이었다. 도시에서 고상한 언어를 사용했던 그에게 시골 사람들의 향토적 언어는 거칠고 낯설었을 것이다. 그의 글에 그가 겪은 갈등이 그려진다.

> 서로 화해할 수 없는 두 원리가 실제로 마주치는 곳에서, 각자는 타자를 바보니 이단자니 하고 선언한다. 나는 내가 타자와 '싸우게' 될 거라고 말했다. 그러나 나는 도대체 왜 그 타자에게 근거들을 주지 못하는 걸까?[83]

그래서 비트겐슈타인은 강조한다. 언어에는 절대적인 의미가 없다고, 그때그때 다르다고, '표층문법'을 '심층문법'과 구별할 수 있어야 한다고 말이다. 자신이 속한 곳에서 쓰던 문맥을 다른 곳에서 쓰다 보니 갈등이 일어나는 거다. 그곳에 들어가면 그곳의 언어를 써야 한다.

낮에는 회사, 밤에는 대학원에 다녔다. 대학원 철학 수업에서 쓰던 언어를 회사 동료에게 쓴다거나 하면 나는 어느 곳에도 설 수 없게 된다. 그래서 나도 열려 있어야만 했다.

누군가 세속의 질서에서 벗어나는 것을 삶의 부적응이라 정의한다면, 이제 나는 기꺼이 그 부적응을 긍정하겠다고 대응할 수 있게 되었다. 열려 있어 가능한 일이다.

하지만 현실은 그렇지 않다. 인터넷에 접속하는 순간 말의 전쟁이 시작된다. 누군가의 소신 있는 글에 댓글이 붙는다. "소설 쓰고 있네"라면서 말이다. 회사에서도 말의 전쟁, 학교에서도 말의 전쟁이다. 상사가 말한 '좋은 직원'과 말단 직원이 말한 '좋은 직원'은 문맥이 다르다. 심지어 평일 낮에 아이와 카페에 들어간 엄마는 누군가가 무심코 던진 말에 '맘충'이 되고 만다. 그들은 표층문법을 쓴 것이다. 사실 그런 말을 하는 사람들은 남들의 언어에 갇혀 사는 사람들이다.

> 나를 이해하는 사람은 명제들을 통하여 ― 그것들을 딛고 ― 그것들을 넘어서 올라갔을 때, 결국은 그것들이 무의미하다는 것을 깨닫는다. (말하자면 그는 사다리를 딛고 올라간 후에는 그 사다리를 내던져버려야 한다.) 그는 이 명제들을 극복해야 한다. 그때 그는 세계를 올바로 보게 된다.[84]

비트겐슈타인도 결국 사다리를 내던져버리자고 했다. 마주칠 때마다 최소한 표층언어에 넘어지지는 말자. 우리는 혼자 살 수 없다. 외재적인 타자와 계속 만나고 마주쳐야 한다.

역린

누구에게나 절대로 건드려서는 안 되는 '역린'이 있다. 역린은 중국 고전《한비자》에 등장하는 개념이다. '용의 턱 밑에 거꾸로 난 비늘'이라는 뜻이다. 용을 탄 사람이 잘못해서 그 비늘을 만지면 그대로 용에게 죽임을 당한다.

우리의 역린은 무엇인가. 20대 초반, 나를 시험에 들게 한 아르바이트가 있었다. 나를 인형 취급한 그곳은 충무로에 위치한 한 은행의 법무회계팀이었다. 간단한 서류 업무를 하는 줄 알고 갔지만 유니폼을 입혀놓고 시중만 들게 했던 곳. 일하는 시간 내내 손님도 아닌 직원들의 커피 심부름, 청소, 개인 택배 가져오기 등의 허드렛일만 했다.

그곳에는 눈에 보이는 철저한 계급이 있었다. 신라 시대 육두품처럼 관직에 따라 옷이 달랐다. 정규직은 자유 복장이고 비정규직이나 아르바이트생은 반드시 유니폼을 입어야 했다. 유니폼에 박제된 20대 초반의 청춘들은 그 조직에서 버리면 그만인 사람들이었다. 전혀 아프지 않은 손가락이 되어버렸다.

나는 결국 한 달도 채우지 못하고 그곳을 나왔다. 그때 알았다. 복장으로 계급을 나누는 게 가능하다는 것을. 그것은 나에게 역린이었다. 더욱 슬펐던 건 시간이 지날수록 우리가 그 카스트 제도를 받아들이고 있다는 점이었다. 유니폼을 입는 즉시 신분이 결정된 느낌은 더욱 견고해진다. 철학은 스스로 이런 대상자가 되었다고 느낀다면 그 상황을 걷어차 버리라고 말한다. 현실을 직시하고 정확하게 짚으면 답이 나오기 마련이니 피하지만 말자고 말이다.

'복장' 하면 생각나는 일화가 또 있다. 무역회사에 다닐 때였다. 회의 시간, 갑자기 부장이 내 앞에 앉아 있던 주임의 복장을 지적하기 시작했다. 그녀는 깔끔하게 입고 다녔다. 항상 단색 블라우스에 베이지색 면바지를 입었다. 그러나 부장은 그 면바지가 싫었던 것이다. 내가 보기에는 면바지나 정장 바지나 흡사했지만, 부장은 회사에 다니면서 어떻게 면바지를 입을 수 있느냐며 30분가량 떠들어댔다. 그녀는 얼마 후 그 회사를 떠났다.

말이 주는 상처는 나이와 상관없다. 노인 복지 종사자들을 대상으로 상담일을 할 때, 대부분이 50대 이상이었지만 30대인 나와 같은 고민을 하고 있었다. 앞으로 어떻게 살아야 하는

지, 어떡해야 지금 자신이 하는 일에 보람을 느낄 수 있는지 말이다.

사람한테 상처받는 일도 마찬가지다. 나이 든 사람이 오히려 젊은 사람보다 더 크게 상처받을 수 있다. 그들이 말했다. 해탈을 하거나 전체가 다 무너지거나 둘 중 하나라고.

"그 나이 먹도록 이런 것도 몰랐어?"

이 말이 무서운 이유는 그 사람 인생 전체를 흔들 수도 있기 때문이다. 사람의 언어가 타인에게 미치는 영향은 헤아릴 수 없다.

우리는
매트릭스에
산다

우리 주변의 스미스들

"네가 한다고 그게 되겠니?"

무슨 말만 하면 부정어법이 먼저 나오는 사람들이 있다. 그런 이들은 당신이 새로운 도전을 하겠다고 하면 일단 막고 본다. 영화 〈매트릭스〉에 나오는 '스미스'들처럼. "그런 건 네가 할 수 있는 영역이 아냐." "괜히 시간 낭비하지 마. 실패하면 상처받을까 봐 미리 이야기하는 거야."

이런 사람들을 만나면 마음에서 가볍게 패스하자. 저들은 당신을 사랑하지 않는다. 혹시 정말로 사랑하고 걱정돼서 하는 말 아니냐고? 정말 사랑한다면 그 사람이 그 사람이라는 걸 안다. 그 사람 자체를 인정한다. 물론 습관처럼 저런 말을 하는 사람일 수 있다. 그래도 패스. 에너지를 아끼자.

'거기에 어울리는 사람이 될 거야'라고 마음먹었다면 그냥 하면 된다. 이미 출발한 것이다. 누가 뭐라 하든 막을 수 없다. 나의 주인은 나다. 주인인 내가 그 길을 가겠다는데 뭐가 두려울까. 사실 두려운 건 맞다. 그래도 가자. 내가 진짜라면 남이 가짜라고 해도 상관하지 말자. 스피노자는 이렇게 말했다.

> 질투란 타인의 행복을 슬퍼하고 반대로 타인의 불행을 기뻐하도록 인간을 자극하는 한에서의 미움이다.[85]

거짓은 관계가 나빠질 때 개입한다. 과도하게 미래를 생각하면 현재가 불안하니 거짓으로 진짜를 가린다. 이런 이들과 같이 있으면 현재를 제대로 살기 힘들다는 걸 잊지 말자.

나를 현재로 살게 해주는 사람이 나를 사랑하는 사람이다. 바람이 시원하다는 걸 알게 해주고, 지금 먹는 밥이 맛있다는 걸 알게 해주는 사람. 설령 부모라도 우리를 거짓으로 살게 하거나 미래만 보면서 살게 하면 사랑이 아니다. 그건 욕심이다. 현재를 살게 해달라고 말하자.

그리고 아무리 남의 고민이 별것 아닌 듯해도 쉽게 말하지 말자. 당사자에겐 자기 인생을 막고 있는 절벽 같은 거다. 그래서 타인의 충고는 힘이 없다. 충고는 내가 나에게 해야 한다. 좋은 상담가는 방문자 스스로 자신에게 조언을 하도록 유도한다. 상담은 자각하게 하는 질문을 하거나 그 사람의 현재 딜레마를 구조적으로 같이 해석하는 것까지다.

"사람이 어찌 좋은 것만 하고 사나?" 나는 이 말이 정말 싫었다. "하고 싶은 거 다 하고 사는 사람만 있으면 이 사회가 제대로 굴러가겠어?"라고 가슴 콱 막히는 질문을 하는 사람에게 스피노자는 기꺼이 답한다.

> 참인 관념을 소유하는 자는 동시에 자기가 참인 관념을 소유한 것을 알며 그 사실의 진리를 의심할 수 없다.[86]

외부의 힘에 굴복하지 않고 자신만의 기쁨을 추구하는 사람들끼리는 필연적으로 선善이라는 소리다. 스피노자는《에티카》에서 분명히 말한다. 당신의 본성에 따르지 않는 삶은 희생이고 슬픔이라고.

어떻게 사람이 하고 싶은 것만 하고 사느냐고 말하는 사람들은 한 번도 자신의 본성대로 살아보지 않았을 것이다. 그리 살면 큰일 나는 줄 안다. 스피노자는 자신의 본성대로 산 사람이다. 그는 스물넷 어린 나이에 자신이 살던 곳에서 파문을 당한다. 그가 유대인이 신봉하던 인격적인 신을 전면으로 거부했기 때문이다. 심지어 그는 신과 자연은 동일하다고까지 했다. 그 시절 그의 발언은 위험했지만 그는 그답게 살았다. 《에티카》는 스피노자의 사후에 지지자들에 의해서 간행된 책이다.

스피노자는 서양철학에서 막강한 위치에 있다. 오죽했으면 베르그송이라는 프랑스 현대철학자가 "모든 철학은 두 가지 철학을 가지고 있다. 자신의 철학과 스피노자의 철학을"이라고 말했겠는가. 니체 역시 스피노자의 《에티카》에 큰 감명을 받았다.

스피노자가 존경을 받는 이유는 그동안의 통속적이고 규범적인 윤리학을 뒤엎고 자신만의 윤리학을 제안했기 때문이다. 스피노자가 우리에게 묻는다. 당신은 당신의 기쁨대로 살고 있는가. 당신과는 상관없는 선과 악에 짓눌려 살지는 않았는가. 비슷한 맥락에서 알튀세르는 그러한 강력한 구조적 지배를 '이데올로기'라고 불렀다.

이 막강한 구조적 지배에서 벗어나 우리의 본성대로 살아야 하는데, 과연 스피노자가 말한 본성은 무엇일까. 단순하다. 우리는 본질적으로 기쁨을 추구하고 슬픔을 멀리하는 존재다. 이것이 본성이다. 타인의 가치 평가는 선과 악일 뿐이다. 스피노자는 자신의 가치 평가로 살자고 강조한다. 이것은 과학적으로도 설명 가능하다.

> 스피노자의 코나투스를 현대생물학 용어로 어떻게 표현할 수 있을까? 코나투스는 생명체가 신체 내부의 조건이나 외부 환경의 조건에 직면했을 때 생존과 안녕을 추구하도록 만드는 생물의 뇌 회로에 자리 잡고 있는 경향의 총합이라고 할 수 있다.[87]
>
> _안토니오 다마지오 Antonio Damasio

스피노자에 따르면 자기 감정에 충실해야 자기 삶의 주인이 된다. 모든 가치 판단의 기준은 '내가 기쁘냐 아니냐'이다. 나는 도대체 언제 내 삶의 주인으로 살 수 있을까. 철학을 배울 때마다 비루함은 만 배가 된다. 그래서 나를 힘들게 하는 스미스들에게는 철저히 비밀 인간이 되었다. 내 결정에 대한 책임은 내가 질 테니 알려 하지 말라고. 지금 무슨 일을 하는지, 무얼 다시 꿈꾸는지 알려 하지도 방해하지도 말라고 말이다.

다만 우리가 자기 삶의 주인이 되는 순간 심각한 문제에 직면한다. 스미스 입장에서는 노예혁명이니까. 그들은 우리가 주인이 되도록 가만히 두지 않는다. 반드시 그 움직임과 부딪힌다. 불화와 반목, 질투, 왕따는 자유를 지향하는 사람들에게 따라오는 옵션이다. 프롬의 말대로 우리는 이런 것들이 무서워서 자유로부터 도피하는지도 모르겠다.

그러니 더욱더 지기知己가 필요하다. 친구와 지기는 다르다. 지기는 나를 알아주는 사람이다.

"너에겐 이런 능력이 있는 것 같아"라고 알아주는 사람들과 함께 생을 살아가자. 당신이 누군가의 지기가 되어주면 금상첨화다.

스미스와 싸워 이기는 방법

말 한마디, 글 한 줄에 사람이 죽고 산다. 특히 대중에게 많이 노출되는 직업일수록 그 위험도는 올라간다. 한 배우는 인터뷰에서 이렇게 말했다.

"두 배 유명해지면 여섯 배 겸손해도 비난이 쏟아진다."

이런 통찰은 어디서 나올까. 더욱 놀라운 건 이 인터뷰를 한 시기다. 그의 나이 열아홉 무렵이었다.

> 개인이 자신과 세상 속에서의 자기 위치에 대한 의혹을 극복하고 자발적 체험의 행위를 통해 세상을 파악하면서 세상과 관계 맺는다면, 개체로서 힘을 얻을 뿐 아니라 안전도 확보된다.[88]
>
> _프롬

자아는 적극적으로 활동하는 만큼 강해진다는 사실을 이 배우는 벌써 안 거다.

당신이
있는 곳에서
주인이 되자

주인이 되지 못한 자, 직함에 상관없이 다 노예

교재 주문 관련 일을 할 때다. 한글 파일을 다룰 줄도, 계산서를 발행할 줄도 모르는 나이 많은 상사를 모시고 일을 한 적이 있다. 그는 제 손으로 할 줄 아는 게 없었다. 주문을 받을 줄도, 송장을 출력할 줄도 몰랐다. 심지어 고객을 응대하는 법이나 포장하는 법도 몰랐고, 배송 과정에 전반적으로 취약했다. 문서 파일을 뽑아 제본할 줄도 몰라 매번 나를 찾았다.

상사였지만 내 눈치를 보지 않을 수 없는 상황이었다. 내가 없으면 모든 일이 멈추니까. 그럼에도 버릴 수 없었던 체면 때문에 실무를 배울 생각을 전혀 하지 않았다. 임원으로서 자신의 남은 정치력을 동원해서라도 오직 그 자리를 지킬 뿐이었다. 버티면 월급은 나오니까.

처음에는 화도 많이 났지만 시간이 지나면서 알았다. 그는 노예라는 것을. 일을 제대로 할 수 없다면 그 자체로 노예다. 필연적으로 부하 직원 눈치를 보는 사람. 자신의 자리를 지키려 아등바등 사는 사람을 철학에서는 노예로 본다.

나의 채근에 상사는 어느 순간 나를 피하기 시작한다. 그런 그도 자신보다 높은 상사가 회사에 있으면 이내 다시 들어와 자리를 지킨다. 그 불편한 자리에 앉은 그는 무슨 생각을 할까. 가끔 짠하기도 했다.

수처작주 隨處作主
그대가 어느 곳에서라도 자기가 주인이 된다면 자기가 있는 그곳은 모두 진실한 깨달음의 경지가 된다.[89]

임제 스님은 말한다. 자신이 서 있는 그곳이 어디든 주인이 되라고. 내가 회사 조직에서 만난 어른들 중 '수처작주'한 분은 드물었다. 다들 미루기 바쁜 책임전가의 달인들이었다. 심지어 커피 한 잔 제 손으로 타 먹지 못했다. 그러니 조직이라는 보호막을 벗어나면 그들의 삶은 심각해진다. 작은 것 하나도 시도할 의지가 없는 사람이 무슨 수로 큰일을 해결할 수 있을까. 매일 자기 일을 알아서 처리해주던 사람들이 사라지는 그 공포를 어찌 감당할 수 있을까 싶었다.

철저하게 '눈치 게임 끝판왕'인 직장인으로 훈련된 그들은 갈 곳이 없다. 그렇게 학습된 관성의 시간을 이겨낼 힘이 없기 때문이다. '그러니 제발 당신 삶의 주인이 되시면 안 될까요?'라는 공허한 메아리만 요동친다.

수처작주. 직장생활 내내 나를 버티게 해준 말이다. 그래, 직급에 상관없이 차라리 내가 주인이 되자. '주도권'이라는 보이지 않는 이름표라도 챙기자.

한 번이라도 자기 삶에서 주인이 되어본 자는 삶에서 마주치는 모든 타인이 그들 삶의 주인이라는 사실을 알게 된다. 직접 경험한 자만이 그 일이 얼마나 힘든지, 시간은 얼마나 걸리는지 아는 법이다. 그래서 주인은 주인을 알아본다. 나도 내 삶을 온전히 살아가는 사람이 되고 싶다. 철학은 나를 계속 힘들게 할 것 같다.

무소의 뿔처럼
혼자서 가라

약자의 배려

철학에서 배운 것 중에 서늘하게 다가온 것이 있다. 바로 약자의 배려는 배려가 아니라는 사실이다. 한때 나의 행위가 배려라고 착각했던 적이 있다. 하루라도 자리를 비우면 업무에 차질이 생기는 일이라 월차는 꿈도 못 꿨다. 유급이 되지도 못하고 허공으로 사라져버린 월차들. 그때는 그냥 다 이해한다며 넘어갔다. 그런데 가만히 생각해보면 그때 나는 많이 아팠다.

　그런 배려는 위인들이나 가능한 거였다. 약자가 강자에게 하는 배려는 배려가 아니다. 참을 수밖에 없어서 참고, 나 하나 참으면 된다며 넘기는 건 배려가 아니었다. 철학이 맞았다. 배려는 강자만 하는 것이다.

오늘도 약자와 강자라는 단어에 함몰되지는 말자고 스스로에게 말한다. 기자가 사회적 약자를 연기한 소감을 묻자 내가 좋아하는 배우는 이런 말을 했다. 약자라는 단어는 누가 정하는 거냐고. 약자라고 부를 때 우리는 약자가 된다는 것이 그의 소신이었다. 그가 나오는 영화를 볼 때 좋은 것도 그런 점이었다. 극 안에서 억울하게 코너로 몰려도 그에겐 특유의 당당함이 있었다. 약자라 불리어도 스스로 강자로 인식하는 방법에 대해 고민할 필요가 있다.

차이의 철학

철학자들의 공통점이 있다. 바로 타자와의 차이를 목숨처럼 강조한다는 점이다. 그들은 동일성, 전체성으로부터 벗어나 타인과의 차이를 억압하고 지배하는 것에 극렬히 반대했다.

나는 걸을 줄 안다. 하지만 우리 모두는 차이가 나는 사람들이다. 신발 밑창을 자세히 보면 다 다르다. 걷는 방법도 다르고 밑창의 해진 흔적도 다르다. 이렇듯 동작 하나도 서로 같지 않다. 오로지 우리의 관념만이 '걸음'이라는 동일성을 만들어 냈을 뿐이다.

가을에 물든 단풍잎도 마찬가지다. 흔히 잎이 빨갛게 물들었다고 하지만 가까이서 보면 잎마다 색이 다르다. 진한 선홍색이기도 하고 노랑과 섞여 있기도 하다.

누구보다 이런 '차이'에 주목한 철학자가 있다. 바로 자유로운 죽음을 선택한 들뢰즈다. 그의 책《차이와 반복》에는 두 가지 종류의 '반복'이 나온다. 하나는 '정태적인 동일자의 반복'이고, 다른 하나는 '동태적인 내적 차이의 반복'이다.[90]

우리는 관념이 만들어낸 성공이라는 동일성에 쉽게 갇힌

다. 도대체 성공이란 무엇일까. 누구는 집과 차를 살 수 있을 정도로 돈을 벌면 성공이라 하고, 누구는 사랑하는 사람을 웃게 해주는 게 성공이라고 한다. 각기 다르다. 그러니 성공한 사람의 동일성, 그 동일한 걸음걸이를 흉내 내는 순간 제대로 걷지 못하는 건 어찌 보면 당연하다. 이렇게 다른 걸음걸이를 흉내 내는 게 들뢰즈가 말한 '동일자의 반복'이고, 자기만의 걸음을 걷는 것이 '차이의 반복'이다.

칸트의 철학도 비슷한 지점이 있다. 그의 책 《판단력 비판》에서 그는 판단력을 '규정적 판단력'과 '반성적 판단력'으로 구분한다.[91] 양말은 발에 신고 장갑은 손에 끼어야 한다는 기존의 규칙에 따라 판단하는 것이 '규정적 판단'이고, 기존의 규칙을 부정하고 새로운 규칙을 만들어 판단하는 것이 '반성적 판단'이다. 여기 5백 년 전 동양에서도 그런 삶을 산 사람이 있다.

나는 어려서부터 성인의 가르침을 읽었으나 성인의 가르침을 제대로 알지 못했으며, 공자를 존경했으나 왜 공자를 존경해야 하는지를 스스로 알지 못했다. 그야말로 난장이가 광대

놀음을 구경하다가 사람들이 잘한다고 소리치면 따라서 잘한다고 소리 지르는 격이었다.[92]

_이지

그 시절 공자를 부정하기는 정말 힘들었을 것이다. 내게 이지의 저서가 쉽고 재미있게 읽혔던 것은, 그가 남들이 우러러보는 인물을 단순히 따라 하는 삶을 거부하고 자신만의 삶을 살아내려고 한 흔적이 보였기 때문이다.

나는 과연 반성적 판단에 따라 자신만의 차이를 반복하고 살고 있는지 되묻는다. 모두를 위한 정답은 없다. 철학을 접하면 접할수록 강렬한 주문이 온다. 자기만의 철학을 만들라고, 자신의 언어로 살라고, 그게 정답이 될 것이라고.

○

공명하지 못한
인연과의
단절

단절

어떤 사람 앞에서는 내 속의 단추를 다 잠근다. 그런 내가 또
어떤 이 앞에서는 고해성사를 한다. 혹시 지금 사람이 두렵고
그 수위를 넘어 인간을 혐오하기까지 한다면, 안타깝지만 지
금까지 인생의 단추를 어긋나게 잠그게 하는 사람만 만났기
때문이다.

　가끔 꿈을 꾼다. 연락처를 지워 없앤 뭇사람들이 나타난다.
꿈속에서 나는 그들에게 사죄는 하되, 다시 연락하고 지내지
는 않을 거라고 이야기한다. 그들에게는 미안하지만, 내 자신
에게 더는 미안한 사람이 되기 싫다고.

고마운 사람인데 부담스러울 때도 있고, 나를 너무 힘들게 하는 사람인데도 연을 못 끊어 매번 가슴을 베이는 경우도 있다. 이러지도 저러지도 못하고 이어가는 인연들도 있다. 철학은 뜻대로 되지 않는 인연에 마음 아파하는 사람들에게 이제는 마음 가는 대로 해도 된다고 말한다.

또한 철학은 잊지 말라고 한다. 낮 12시에 갑자기 별을 보는 기분이 드는 사람을 반드시 만난다는 것을. 그럴 때가 있다. 어딘가에서 홀로 잠든 나에게 이불을 덮어주는 사람을 발견할 때 말이다. 결국 나를 시들게 하는 것도 사람이고, 시들어버린 나를 다시 일어서게 하는 것도 사람이다. 사람이라는 존재는 그렇다.

> 비루함이란 인간이 자기 자신에 대하여 정당한 것 이하로 느끼는 것이다.[93]

여기서 스피노자가 말한 비루함은 타자가 내 삶의 의지를 꺾는 것을 말한다. 누군가 나를 사납게 대한다면 그 인연과는 단절해도 괜찮다고 말하고 있는 것이다. 만약 지금 만나는 가까운 사람들이 칭찬보다는 비난과 험담을 주로 한다면, 그 비루함에 갇히지 말고 거리 두기를 해야 한다.

날고 긴다는 사람도 지속적인 비난 앞에서는 꼼짝할 수 없다. 계속 나를 부정하는 상사와는 함께 가기 힘들다. 스피노자는 말한다. 공명하지 못한 자와는 단절하자고. 다 끌어안고 갈 수는 없다. 우리는 성인군자가 아니다.

> 나는 내가 아닌 곳에서 생각한다. 그러므로 나는 내가 생각할 수 없는 곳에 존재한다.[94]
>
> _라캉

왼쪽 손목이 또 짓물렀다. 나에게 왼쪽 손목의 상처는 하나의 신호다. 현재의 나는 내가 생각하는 곳에 머물고 있지 않다는 신호. 5년 전부터 원인 모를 피부 질환이 왼쪽 손목을 끊임없이 괴롭혔다. 병원도 가보고 약도 먹어봤지만 전혀 소용이 없었다. 없어질 만하면 다시 생기는 일이 반복됐다. 몸과 마음이 편안해지면 없어진다는 거 하나는 분명했다. 그래서 나만의 신호가 되었다.

자신이 원하는 곳에서 일하는 사람이 얼마나 될까. 혹 그럴 수 있는 사람은 삶이 얼마나 충만할까. '이대로는 안 되겠다'는 생각이 들 때면 나의 왼쪽 손목은 여지없이 짓무르고 피가 나기 시작한다. 몸은 거짓말을 하지 않는다.

진정한 '신의 직장'은 공명할 수 있는 동료와 상사가 많은 곳이다. 일이 힘든 것과 사람이 힘든 것 중 어느 쪽이 더 견디기 힘들까? 대부분의 퇴사 이유가 사람 때문이다. 나도 그랬다. "자, 됐지?"라는 한마디면 모든 게 해결되는 줄 아는 상사들이 있다. 업무 두세 개 던져주고 체크하는 건 누군들 못 할까.

실제로 실무도 할 줄 모르면서 어찌 관리직까지 갔을까 싶은 상사들은 자신이 해보지 않아 그 업무가 얼마나 힘들고 시간이 어느 정도 걸리는지 전혀 모른다. 그저 시간을 촉박하게 주고서 조그만 실수라도 나오면 권력을 이용해 쥐 잡듯 한다. 강하게 지적해야 다음에 실수하지 않을 거라는 게 이유다.

타자의 입장에서 생각하고 판단하는 능력은 유치원에서 다 배웠는데, 그 기본을 잊은 사람이 왜 이리 많은 걸까.

나
자신에게 착하게 살자

○

당신의
손발은
무사한가

잘린 손과 발

I

나는 밤이면 몸뚱이만 남지

시아비는 내 손을 잘라가고

시어미는 내 눈을 도려가고

시누이는 내 말(言)을 뺏아가고

남편은 내 날개를

그리고 또 누군가 내 머리를 가지고

달아나서

하나씩 더 붙이고 유령이 되지[95]

_문정희, 〈유령〉 중에서

시인은 알았을 것이다. "물 좀 갖고 와!"라는 명령이 손이 잘린 느낌을 준다는 것을.

아침 7시 신도림역. 사람들이 모여든다. 오늘도 우리 모두는 손발을 잘리러 간다. 회사 문 앞에 서면 심호흡을 해야 한다. 잘리기 직전이니까. 늘 그랬다. 한 번도 좋은 감정으로 회사 문을 연 적이 없었다.

일단 들어가면 순간의 우울함과 계속 만나야 한다. 내 시간도, 내 육체도 그들의 것이다. 자료 좀 찾아줘, 몇 시까지 서류 정리해서 넘겨 등등 명령의 향연 속에서 내 머리는 그 모든 것을 겨우겨우 해낸다. 화장실 가는 것도 참고 그 시간 안에 해내야 한다. 그리고 또다시 반복이다.

그 반복 속에서 무수히 잘려나간 내 머리를 위해 두통약을 집어삼킨다. 그러다 보면 점심시간이다. 그 시간만이라도 혼자 가만히 앉아서 생각 좀 하고 싶지만 이내 동료가 찾는다.

"밥 먹어요, 수진 씨."

구내식당에 가서 내 돈 주고 적당히 맛없는 밥을 욱여넣는다. 그리고 전혀 궁금하지 않은 동료들의 사생활이나 연예인

이야기를 들어야 한다. 잘려나가는 건 내 위와 장이다. 이번엔 소화제를 삼킨다.

늘 궁금했다. 나만 예민한 것인지. 하지만 자세히 들여다보면 보인다. 아주 잘 보인다. 다들 감추며 살 뿐이다. 문제는 그게 오래가지 못한다는 것이다. 문정희 시인의 표현처럼 내 손과 발이 잘려 나갔다는 자각을 할 때가 되면 다들 미련 없이 그곳을 떠났다.

내가 하고 싶은 일을 단 5분도 할 수 없을 때는 손발이 잘린 느낌이 든다. 스피노자는 말했다. 모든 가치 판단은 자신에게 기쁨이냐 아니냐를 기준으로 하는 것이라고.

우리에게 기쁨은 무엇인가? 나는 내가 하고 싶은 걸 하는 게 기쁨이었다. 잘린 위와 장이 소화제로도 회복되지 않을 때 나는 결심했다. 일주일 동안만이라도 점심시간만큼은 내 시간으로 확보하리라.

동료들에게 선포했다. 당분간 간단한 과일이나 감자로 점심을 대신하겠다고. 다들 나를 욕하라지. 원래 자유에는 적이 필수라고 했다. 그렇게 얻은 자유 시간. 처음으로 편안했다. 듣고 싶은 노래를 듣자 잘려나갔던 귀가 낫기 시작했다.

이제 결론을 내리기로 하자. '좋음과 나쁨', '선과 악'이라는 대립되는 가치는 이 지상에서 수천 년간 끔찍한 싸움을 해왔던 것이다. 그리고 후자의 가치가 오래전부터 확실한 우위를 점했다 하더라도 아직도 승패를 결정짓지 못하고 싸움이 계속되는 곳도 없지 않다.[96]

_니체

조화 같은 우리

내가 세 번째로 다닌 회사는 사람들이 1년도 못 버티고 떠나 버리기로 악명 높은 곳이었다. 당연히 입사할 때는 모른다. 그 러다 인수인계 받을 때 직감적으로 안다. 그러나 이미 발을 빼 기에는 카드값이 발목을 잡는다.

사람이 마치 조화 같을 때가 있다. 축 처진 어깨, 공허한 두 눈, 키보드 치는 소리와 깊은 숨을 내쉬는 소리만 들리는 사무 실의 적막함 속에서 피어난다. 차라리 전화라도 많이 와서 시 끌벅적한 게 낫겠다 싶은 그런 분위기가 있다. 그곳에서 광장 에 내몰린 사람의 뒷모습을 본 적이 있다. 우리와 그들의 경계 선을 정확히 보여준 날이자 어쩌면 그가 나일 수도 있다는 헛 헛함을 정확하게 느낀 날이었다.

사람을 가장 힘들게 하는 방법 중 하나는 그를 '광장'에 세 우는 것이다. 그것도 강자가 약자를. 간혹 약자들이 강자를 광 장에 세우기도 한다. 후자는 혁명이다. 하지만 자주 있는 일은 아니다. 나는 그 회사에서 약자가 강자에 의해 광장에 세워지 는 것을 목격했다.

월요일 아침이었다. 그 전주부터 조직 개편을 한다는 소문을 들었던 터라 다들 긴장한 모습이었다. 그리고 발표된 강자의 계획. 팀장은 그날부터 나와 같은 '사원'이 되었다. 대신 그 팀장의 사원이었던 사람이 팀장이 되었다. 자리도 바뀌었다. 철저히 보여주려는 것이다. 강자에게 밉보이거나 그들만의 룰을 깨뜨리면 어떻게 되는지를. 그러니까 알아서 기라고, 더욱 철저하게 노예가 되라고 말이다.

그날 이후, 사원이 된 전 팀장은 혼자 밥을 먹기 시작했다. 말수도 점점 줄고 초점도 흐릿해졌다. 가끔 업무로 만날 때 그는 나를 제대로 쳐다보지 못했다. 우리 중 누구도 그를 이해할 수 없을 것이다.

잔인한 방식이다. 차라리 밀실에서 해고 통보를 하거나 예고라도 해주었어야 했다. 그 사람이 광장에 서기 전에 최소한의 선택권을 주는 거니까. 그러나 아무런 예고 없이 약자가 광장에 설 때, 약자는 할 수 있는 게 없다. 그야말로 손과 발은 물론 영혼까지 자르는 격이다. 견딜 수 있으면 견뎌보라고 말이다.

침묵이 필요할 때가 있고 그렇지 않을 때가 있다. 타인의 아픔을 밀실에서 봤을 때, 그러니까 작은 공간에서 누군가 울고 있다면 말없이 모른 척해주어야 한다. 그러나 타인의 아픔을 광장에서 봤을 때는 이야기가 달라진다. 우리는 광장으로 모여야 한다. 우리와 광장 사이에 자본이 끼어들면 또 작아지겠지만 그래도 모여야 한다. 조화가 아니라 인간임을 알려야 한다.

나는 쉬운 사람이 아니다

철학을 배울수록 강자의 비겁함을 견디기가 힘들었다. 그런 상황에 맞닥뜨리면 마음이 차갑게 식었다.

유난히 바쁜 날이 있었다. 4시간 가까이 한순간도 쉬지 못하고 책 포장 작업을 아르바이트생과 둘이서 해야 했다. 조금이라도 지체되면 택배 출고가 불가능한 터라 반드시 시간 안에 끝내야 했다. 그 와중에 주문도 받고 확인도 하고, 다 끝나면 보고서 쓰는 것도 나의 몫이었다. 문제는 이 모든 상황을 상사가 모른 척한다는 사실이었다.

작업을 끝내고 녹초가 되어 사무실로 돌아와 보고서를 쓰는데 손이 덜덜 떨렸다. 포장을 하느라 무리하게 근육을 쓴 탓이었다. 상사는 아무 일 없었다는 듯 건성으로 "수고했어" 한 마디를 던지고는 웃었다.

'부하'라는 그룹으로 묶인 사람들은 조직에서 무언의 요구들과 마주하게 된다. 분위기를 화기애애하게 만들어주기를 바라는 것이다. 나는 그런 요구들에 침묵으로 답했다. 사람마다 자신에게 필요한 만큼의 친화력이 있다. 이 세상 모두가 외향적일 수 없고 그럴 필요도 없다. 사실 조직에서 원하는 노동력만 제공하면 된다. 그러다 마주한 사람들이 좋으면 필요 이상의 친화력이 나오기도 하는 것이다. 문제는 조직에서 마주한 그들이 좋지 않을 때다. 그럴 때는 굳이 애쓸 필요 없다. 우리에게는 침묵할 자유가 있다.

당신 혼자서 일을 다 하고 있다면 언제든 떠날 사람처럼 강하게 나가자. 당신이 강자다. 상황을 좌지우지할 수 있으니까. 취업 규칙이니 뭐니 해도 상위법은 근로기준법이다. 딱 거기까지만 하면 된다.

> 다시 말해 나는 이런 판국에 단순히 방관자로서 세상을 살아
> 갈 수 있다는 생각을 더 이상 하지 않게 되었다.[97]
>
> _ 한나 아렌트Hannah Arendt

철학자 한나 아렌트는 자신이 평범한 독일 시민이라고 생각하며 자라왔다. 그런 그녀가 히틀러의 집권 시기를 보내면서 철저하게 달라진다. 파시즘이 점점 커져가고 사람들 사이에서 반유대주의가 심화되자 그녀는 유대인인 자신을 각성하며 강해진다. 그녀는 말한다. 자신을 둘러싼 모든 것을 비판적으로 사유해야 한다고. 그녀의 말처럼 비판적으로 사유한다는 것은 적대적인 태도를 취하는 것이다.

퇴사하면서 인수인계까지 3개월이 넘게 걸린 적이 있다. 나가려고 하면 계속 붙잡았다. 그때의 나는 어렸다.

"이번 주까지만 근무하겠다고 분명히 말씀드렸습니다."
"언제 그랬어? 그리고 나는 사직서에 사인한 적 없는데."

혹시 지금 퇴사를 계획하고 있다면 인수인계서나 사직서는 꼭 이메일로 보내자. 퇴사일을 말하면서 녹음하는 것도 좋다. 그런 다음 한 달 후에 쿨하게 인사하고 떠나자.

비가 와도
상관없다

마음을 비우면 두려울 게 없다

무소탐욕 하우하외 無所貪慾 何憂何畏

마음을 비웠으니 무엇이 두려우랴.

_붓다 Buddha

　동양철학의 슬로건은 "비가 와도 괜찮다"이다. 사실 제일
무서운 사람은 '마음을 비운 사람'이다.

　사람들은 흔히 좋은 일에는 '필연'이라는 이름표를 붙이고,
나쁜 일에는 '우연'이라는 이름표를 붙인다. 사랑할 때는 "우
리는 만나야 할 운명이었어"라고 말하고, 헤어지면 "운이 나
빠 그런 사람을 만났다"라고 한다. 누구나 불의의 사고 앞에서

는 "운이 나빴다"라고 하지 "어차피 이럴 운명이었다"라고 하지 않는다. 철학을 알아가면서 제일 궁금했던 게 바로 이 우연과 필연의 문제였다.

과연 나를 둘러싼 일련의 사건들과 내가 만난 인연들은 필연일까, 우연일까. 이 질문에 답을 한 철학자가 알튀세르다. 그는 고대 그리스의 철학자 에피쿠로스Epikouros의 예를 들며 모든 사건은 기본적으로 개체들 사이의 우발적인 마주침으로 인해 발생한다고 했다. 이것을 그는 '마주침의 유물론'이라고 불렀다.

> 에피쿠로스는 세계 형성 이전에 무수한 원자가 허공 속에서 평행으로 떨어진다고 설명한다. 원자들은 항상 떨어진다. 이는 세계가 있기 전에는 아무것도 없다는 것을 함축한다. 그러다 클리나멘clinamen이 돌발한다. 클리나멘은 무한히 작은 편의로서 "어디서, 언제, 어떻게 일어나는지 모르"는데, 허공 중에서 한 원자로 하여금 수직으로 낙하하다가 "빗나가도록", 그리고 한 점에서 평행낙하를 극히 미세하게 교란함으로써 가까운 원자와 마주치도록, 그리고 이 마주침이 또 다른 마주침을 유발하도록 만든다. 그리하여 하나의 세계가, 즉 연쇄적

내가 그때 그 사람을 만난 것도 나의 우연과 그 사람의 우연이 마주쳐서 이루어진 것이고, 그 사람과 그렇게 헤어진 것도 어느 지점에서 헤어짐의 '클리나멘'들이 교차하듯 마주쳤을 뿐이다. 누구의 잘못이라고 규정지을 수 없다. 중요한 일을 앞두고 심한 감기 몸살에 걸려 일을 망치는 것도 내 인생의 여러 개체 사이의 우발적인 마주침으로 인해 발생하는 것이다. 그러니 자책하지 말자.

알튀세르가 말한 마주침의 유물론에 매료될 즈음에 이 우발성과 관련한 거대한 철학을 만났다. 바로 왕충王充의 철학이다. 동양철학은 어른의 철학 같다. 탐닉하고 연구하고 고찰하는 과정을 한 번에 보여준다. 머리 꽁꽁 싸매고 몇 년을 고민해도 풀까 말까 한 고민이 단번에 풀리는 느낌이었다.

땅강아지와 개미가 땅 위를 기어갈 때 사람이 발로 밟고 지나간다. 발에 밟힌 땅강아지와 개미는 눌려 죽고, 발에 밟히지 않은 것은 다치지 않고 온전히 살아남는다. 들풀에 불이 붙었을 때 마차가 지나간 곳은 불이 붙지 않는다. 사람들은 그것을 좋아하며 행초幸草라고 부르기도 한다. 발에 밟히지 않은 것, 불길이 미치지 않은 것이라도 반드시 좋은 것은 아니다. 우연히 불이 붙었고, 사람이 길을 가다가 우연히 그렇게 된 것이다.[99]

왕충은 소소한 사건들을 묘사함으로써 역으로 알려주고 있다. 땅강아지와 개미의 죽음이 우발적으로 우리의 발과 마주쳤다는 것을. 그리고 왕충은 마차가 밟고 지나가는 바람에 땅바닥에 눌려 있어 불길을 피할 수 있었던 '운 좋은 풀'에 대해서도 이야기한다. 그 당시 사람들은 아마 그 살아남은 풀을 '행운의 풀(幸草)'이라 부르며 신성시했었나 보다. 하지만 왕충은 이러한 미신을 우발적 마주침으로 뒤집는다. 우발적이라고 해서 밑도 끝도 없이 다 우연이라는 게 아니라, '복수의 인과계열 간의 복잡한 마주침'을 의미한다.

하나의 인과만 생각하는 사람은 자신이 노력했으니 예상한 결과가 나와야 정상이라고 생각한다. 그러나 살다 보면 뜻대로 되지 않는 순간이 많다. 다른 인과와 마주쳤기 때문이다. 억울한 일을 겪을 수도 있고, 뜻하지 않은 사건 사고에 휘말릴 수도 있다. 사기를 당해 모아놓은 돈을 한순간에 날릴 수도 있고, 건강을 잃을 수도 있다. 온 마음을 다해 준비한 시험에 떨어지고, 오래 사랑했던 사람과 일순간에 헤어지고, 힘들게 들어간 회사에서 저주와도 같은 타자들을 만날지도 모른다.

도무지 설명할 수 없는 일들이 마구 일어난다. 삶이 이해되지 않는 것 투성이다. 그래서인지 처음 왕충의 철학을 접했을 때 그 어떤 철학보다 전율이 오래갔다. 남은 잔상마저 붙잡고 싶을 정도였다. 길을 걸을 때 보는 풍경과 내가 마시는 공기의 향기, 가로등 불빛까지 모두 낯설게 보였다.

> 거미가 줄을 쳐두면 날벌레가 지나가다 벗어나는 것도 있고 잡히는 것도 있다. 사냥꾼이 그물을 쳐놓으면 짐승들이 떼 지어 달리다가 잡히기도 하고 빠져나가기도 한다. 어부가 강이나 호수의 고기를 그물질하다 보면 잡히는 것도 있고 빠져나가는 것도 있다.[100]

날벌레가 잘못해서 거미줄에 잡히는 것이 아니다. 하나의 인과계열과 또 하나의 인과계열이 마주친 거다. 그물에 잡힌 고기는 죄가 없다. 어떤 부부는 각고의 노력을 해도 생기지 않는 아이가 어떤 부부에게는 계획 없이 덜컥 생긴다.

왕충의 철학이 모두에게 정답일 수는 없다. 이 철학을 자기 삶에 적용할지 말지는 각자의 몫이다. 나는 왕충과 알튀세르의 '우연의 철학'을 접하고 그동안 내가 마주쳤던 기쁨과 아픔을 자만과 자책 없이 흘려보낼 수 있었다.

다만 왕충의 철학엔 전제가 있다. 최선을 다한다는 것이다. 최선을 다해도 안 된다는 걸 아는 경계가 있다고 한다. 조금만 더 했으면 합격하지 않았을까, 조금만 더 했으면 결과가 다르지 않았을까. 멈추기 쉽지 않은 일을 두고 멈추는 일은 오직 경계가 있어야 가능하다.

강한 사람은 자신에게 주어진 삶의 여러 인과계열 하나하나를 최선을 다해 만들어간다. 어떤 인과계열이 마주쳐서 우리에게 다가올지는 알 수 없다. 그 수많은 마주침이 희극일 수도 있고 비극일 수도 있다. 다만 자신이 최선을 다했다면, 비가 와도 괜찮다고 하는 사람이 진정 강한 사람이다. 자신의 삶을 진정으로 살아낸 철학자들은 이런 마음을 가지고 있었다.

사랑하면
알고 싶어진다

개별화

자본주의는 생계의 위협을 느낀 사람을 동물로 만들어버린다. '나 배고파' '일단 내 배가 불러야 해'라는 마음이 들수록 더욱 사랑을 해야 한다. 아무리 자본주의가 위협해도 먼저 먹으라고 양보할 수 있는 존재가 있으면 두렵지 않다.

어떤 사람을 좋아하면 그 사람을 알고 싶어진다. 한 사람을 알려면 비디오를 거꾸로 돌려 그 사람의 살갗 안으로 들어가야 한다. 어찌 살아왔는지, 요즘 왜 그리 힘들었는지 다 알 수 있게 말이다. 그런 다음 그 사람에게 구조적, 개인적으로 맞물려 있는 현재와 과거의 접점을 만나야 한다. 그래야 그 사람을 이해할 수 있다. 덴마크의 철학자 키르케고르Kierkegaard는 사랑은 타인에 대해 주관적이 되는 거라고 말한다. 자신에 대해 객관적이고 타인에 대해 주관적인 것은 그 사람을 단독자로 보고 개별화하는 것이다.

> 사랑에 빠진다는 것은 어떤 사람을 그 사람이 지니고 있거나 방출하는 기호들을 통해서 개별화시키는 것이다. 즉, 사랑에 빠진다는 것은 이 기호들에 민감해지는 것이며 이 기호들로부터 배움을 얻는 것이다.[101]

들뢰즈 또한 사랑은 그 사람을 개별화하는 거라고 했다. 내가 좋아하는 사람은 한국 사람이고, 남자고, 어떤 직업을 가졌고…. 들뢰즈의 시각에서 보면 이건 사랑이 아니다. 한국 사람, 남자, 직업이라는 범주 안에는 무수한 사람이 포함되어 있으니까. 다시, 사랑은 개별화다. 이 세상 어느 누구도 대체할 수 없는 사람. 다른 이들은 잘 몰라서 비난해도 나만은 아는 바로 그 사람.

예를 들면 이런 게 개별화다. "그는 봄을 좋아해. 비가 오면 어린아이처럼 좋아하며 가끔 우산도 쓰지 않고 다녀. 카페에 가면 주로 아이스아메리카노만 마시고 단 걸 별로 좋아하지 않아. 카뮈의 소설을 즐겨 읽고, 요즘은 움베르트 에코의《장미의 이름》을 읽고 있어. 그는 〈어바웃 타임〉처럼 잔잔하면서도 울림이 큰 영화를 좋아해. 조조로 영화 보는 걸 좋아하고 특히 독립영화 상영관에 자주 가는 편이야."

나는 개별화라는 말이 참 좋다. 그 사람을 유일한 존재로 보니까. 홀로코스트를 다룬 영화 〈피아니스트〉에서 유대인인 주인공은 아우슈비츠로 가는 기차에 강제 탑승하게 된다. 그런데 그를 아는 독일인이 유대인 행렬에서 그를 빼준다. 그 독일인 눈에 주인공은 자신들이 죽여야 할 유대인이 아니라 자신과 같은 사람이다. 그 사람을 아니까 죽일 수 없는 거다. 그 후 주인공은 죽을 위기를 모면하다 또 다른 독일 장군과 마주친다. 그 독일 장군은 먹지 못해 아사 직전인 그를 살려준다. 잼과 빵도 준다. 그 장군 눈에도 그는 그저 자신과 같은 사람이다. 전쟁에 지친 배고픈 사람.

어떤 사람을 알게 되면 쉽게 그를 무시할 수 없다. 서울역을 지나다 만난 노숙자와 잠시만 이야기해보면 그를 감히 더럽다, 게으르다고 말하지 못한다. 그가 어떤 사연으로 노숙자가 되었는지 알게 되었으니까.

들뢰즈는 전통적으로 서양철학을 지배해온 모든 '중심주의'를 거부했다. 그는 타인에 대한 사랑이 없으면 중심주의에서 벗어나지 못한다고 말한다. 중심주의를 갖고 있는 사람들은 타인을 사랑하기 힘들다. 당신은 여자니까 그럴 거야, 당신은 남자니까 그럴 거야, 당신은 동양 사람이니까, 당신은 서양 사람이니까, 이런 식의 중심주의에 사고가 묶여버리면 눈앞에 있는 그 사람을 보지 못하고, 보지 못하면 알 수 없고, 그러면 사랑도 할 수 없다. "거 봐, 저 사람도 별수 없는 거였어"라고 비난만 하다 관계가 끝날 수 있다.

> 사랑받는 존재는 하나의 기호, 하나의 '영혼'으로 나타난다.
> 그 존재는 우리가 모르는 어떤 가능세계를 표현한다.[102]

누군가가 '영혼'으로 나타나면 그 존재는 우리에게 또 다른 가능세계를 선물한다. 그가 좋아하는 음악, 문학, 영화, 그가 아끼는 친구들 등 그 사람과 관계된 모든 세계가 우리에게도 전개되는 것이다.

중심주의 해체

들뢰즈는 수억 개의 속성을 하나의 기준으로 판단하면 안 된다고 했다. 한 사람 한 사람은 다 다르다. '건강하지 못한 이성관'에 갇힌 사람들은 자기 앞의 감수성 풍부한 사람을 그저 '남자'와 '여자'로 대한다. 성별만 다를 뿐 남자와 여자는 취미와 사상이 같을 수 있다. 동일한 감성 구조를 지녔는데도 사회가 만든 기준으로 나누고 반목하고 심지어 혐오한다. 회사에서는 아예 '남직원' '여직원'으로 묶어버린다. '그 사람'은 '그 사람'인데 말이다. 공항에서 좋은 옷 입고 여행을 떠나는 사람들을 '금수저네, 팔자 좋네'로 치부해버린다. 그 사람이 여행을 가기 위해 얼마나 많은 땀과 눈물을 흘렸는지는 생각하지 못한다.

들뢰즈는 사랑을 하면 '이 사람'이 '이 사람'이라는 걸 안다고 했다. 사랑한다면 중간에 중심주의들이 들어와도 기꺼이 해체할 수 있다. 들뢰즈의 철학으로 사람을 대하면 외모 중심주의, 자본 중심주의, 남성과 여성을 분리시키는 혐오주의를 다 해체할 수 있다.

반면에 타인에 대한 사랑이 없으면 중심주의에서 벗어날 수 없다. 중심주의에 갇힌 사람은 절대 타인을 사랑할 수 없다.

가만히 보면 예술가들도 중심주의를 해체하는 사람들이다. 성소수자들을 이해하지 못하는 사람이 어찌 그들의 삶을 연기할 수 있겠는가.

> 우리는 오로지 예술을 통해서만 우리 자신으로부터 벗어날 수 있다. 또 오로지 예술을 통해서만 우리가 보고 있는 세계와는 다른, 딴 사람의 눈에 비친 세계에 관해서 알 수 있다. 예술이 없었다면 그 다른 세계의 풍경은 달나라의 풍경만큼이나 영영 우리에게 알려지지 않은 채로 남아 있을 것이다. 예술 덕분에 우리는 하나의 세계, 즉 자신의 세계만을 보는 것이 아니라 세계가 증식하는 것을 보게 된다.[103]
>
> _들뢰즈

예술은 이래서 아름답다. 아, 저 배우는 이런 표현을 하네. 저 작가는 이런 묘사를 하네. 저 감독은 세상을 다르게 보네. 예술을 향유하는 이유는 나와 다르다는 것을 자각하기 위해서고, 더 나아가서는 나만의 세계를 만들기 위해서다.

저 새가
날아간다

직업자살에 대하여

불가의 가르침은 이런 식이다. 덕산 스님이라는 분이 제자에게 다짜고짜 이런 말을 한다.

"자 여기 대나무 몽둥이가 있다. 너는 대나무가 있다고 해도 맞을 것이고, 없다고 해도 맞을 것이다. 침묵해도 맞을 것이다."

제자는 바로 답한다.

"아, 저 새가 날아간다."

제자는 그냥 있지도 않았고 피하지도 않았으며 침묵하지도 않았다.[104]

이거다. 몽둥이에 집착하는 순간 어떻게 하든 맞을 것이다. 그리고 곧 맞을 거라는 두려움에 집착하면 날아가는 새를 보지 못한다.

뉴스에서 직업적 자살을 접한다. 어떤 간호사는 '태움'이라는 악습 때문에, 어떤 상담사는 고객의 '갑질' 때문에 이제 이 세상에 없다. 이런 기사를 접하면 심장 끄트머리에 밀어넣었던 선명한 생채기가 다시 나온다. 그들은 왜 살려고 들어간 직장에서 살기를 포기 했을까.

5개월째 야근이 이어지던 어느 날이었다. 같은 양말을 3일째 신고 있었다는 걸 출근하면서 알았다. 오늘이 수요일인 건 알겠는데 며칠인지는 모른다. 기억해야 할 건 많은데 정작 기억나는 건 없다. 하늘 한번 올려다볼 기력도 없다. 그래도 이런 건 지나가게 할 수 있다. 다시 기억하면 되니까. 하늘 한번 보면 되니까. 이 정도까지는 스님이 든 몽둥이 너머로 날아가는 새를 어렴풋이나마 볼 수 있다.

그러나 누군가들이 작정하고 나의 존재 자체를 지속적으로 공격한다면? 그때도 과연 날아가는 새를 볼 수 있을까. 내일도 모레도 그들을 마주하러 그 지옥에 들어가야 하는데 말이다. 내가 아무리 일을 잘해도 나를 부정하는 그들 앞에 서면 소용이 없다. 오로지 사람이 문제일 뿐.

나의 상황을 정확히 모르는 사람들의 위로는 도움이 되지 않는다. 내일 그 지옥에 다시 가야 하는 건 나니까. 이런 상황에서는 힘내라는 말이 참으로 무색하다. '당신 말대로 힘내면 나 대신 저 지옥에 가줄 건가요?'라고 묻고 싶었으니까 말이다.

아무리 기를 쓰고 잘하려 해도 처음부터 작정하고 나라는 존재를 부정하려는 사람들이 있다. 당해본 사람은 안다. 영업할 때 우리 팀에 여직원은 나 혼자였다. 나의 실적은 그들에게 그저 들러리여야 했다. 감히 내 실적 따위가 그들 위로 올라가는 현실이 펼쳐져서는 안 된다. 그러나 세상일이 어디 맘대로 되는가. 내가 간 지역에서 하필 운이 좋았고, 그곳에서 나의 실적은 그들을 넘고 말았다. 이게 문제였다. 한동안 해명할 필요도 없는 수많은 소문과 억측들이 손님처럼 나를 찾아왔다. 그래, 손님이다. 곧 다시 자기 집으로 돌아갈 손님.

지금은 이렇게 말할 수 있지만 그 당시에는 손님이 아니었다. 나는 미처 날아가는 새를 보지 못하고 뒷담화의 향연에 무한정 갇힐 뻔했다. 차라리 출근길에 사고라도 나서 시간이 제발 멈췄으면 했던 적도 있었다.

"미쳤어! 지금 빨간불이잖아."

그 시절 공허함만 가득한 마음으로 길을 걸었다. 몰랐다. 내가 도로 위를 걷고 있는 줄은.

하마터면 죽을 뻔했다. 비가 와서 우산을 든 게 다행이었다.

경적을 울린 차도 한참을 멍하니 쳐다볼 만큼 내 발걸음은 상식 밖이었다. 내 상태는 이상 범주에 있었다.

멈춰준 차가 새삼 고마웠다. 가끔은 이런 경적도 필요하다. 멈추라고. 계속 걷다간 다시 못 걸을 수 있다고 말이다.

우리 앞에 있는 몽둥이에 집착하지 말자. 나를 살리려거든 이렇게 말하자.

아, 저 새가 날아간다.

8
장

삶은 마주침이다

감히 모른다

누구나 갖고 싶어 하는 것들을 헌옷처럼 던져버릴 줄 아는 사람을 보면 질투가 난다. 철학자 비트겐슈타인도 그렇다. 그는 요즘 말로 금수저로 태어났지만 상속받은 재산을 오스트리아 예술가들에게 기부했고, 제1차 세계대전이 일어나자 탈장으로 면제 판정을 받았는데도 오스트리아 군에 자원입대했다.

죽음에 직면하면 어떤 식으로든 자신이 개선될 것이라는 게 이유였다. 그는 자신이 희망한 대로 러시아 전선 최전방 관측소에 배치되어 생사를 넘나드는 전투를 치렀다. 비트겐슈타인이 이 전장에서 노트에 쓴 글들을 모아 펴낸 책이 바로 《논리-철학 논고》다.

말할 수 없는 것에 관해서는 침묵해야만 한다.[105]

_비트겐슈타인

감히 말할 수 없는 것들이 있다. 독립 다큐멘터리 영화 〈공동정범〉을 볼 때도 그러했다. 영화는 용산 참사 현장에 있었던 사람들의 이야기를 보여준다.

그곳에는 사람들이 있었다. 가족과 함께 잘 살아가고자 했던 이 시대의 가장들이 있었다. '우리'라는 연대의 가치를 실현하고자 했던 사람들이 있었다. 그리고 어쩔 수 없이 그 사람들과 대치해야 했던 청년도 있었다. 그곳에서 어떤 자들은 죽고 어떤 자들은 살아남았다. 살아남은 자들은 공동의 죄로 묶였다. 살아남은 자들은 살아가야 할 이유를 잃어버렸다. 그럼에도 삶을 견뎌야 했다. 나는 그 견딤을 보았다. 그날은 그들에게 선연했다. 그들은 무슨 마음으로 그 세월을 버텼을까.

그들을 공동정범으로 묶어버린 나라에 내가 산다. 언제든 나에게도 그런 일이 일어날 수 있다. 내가 할 수 있는 건 잊지 않는 것뿐이다.

영화 끝에 이런 말들이 오간다. 그 불길 속에서 누가 먼저 나왔냐 아니냐는 중요한 게 아니라고. 그곳에 있었던 우리는 이해한다고, 이해해줘서 고맙다고. 오해한 당사자가 오해받은 당사자에게 이해한다는 말을 해줘서 관객의 입장에서도 감사했다. 그리고 "자부심 없는 사람이나 스스로를 노동자라고 부르고 노조를 만든다"고 헛소리한 당시 대통령이 감옥에서라도 이 영화를 봤으면 좋겠다.

모르고는 감히 말할 수 없는 영역이 있다. 그래서인지 어느 순간부터 사회면 뉴스를 보기가 괴롭다. 이중적인 감정이 드는 내 자신이 미워지기 때문이다. '저 일이 왜 저 사람들에게 일어나야만 했을까'라며 주체 모를 뭔가를 향한 원망과 무력감을 함께 느끼는 나를 마주해야 하기 때문이다.

다큐멘터리를 볼 때도 마찬가지다. 우연히 보게 된 메탄올 실명 피해 청년들. 그들은 공장에서 한 달 동안 아르바이트한 대가로 두 눈을 잃었다. 삶의 다양한 가능성을 거세당한 그들 앞에서 나는 말을 잃고 말았다.

글을 하나 읽었다. 죽어야겠다고 생각했던 세월호 유가족이 지하철에서 누군가의 가방에 달린 노란 리본을 보고 마음을 바꿨다는 이야기였다. '유가족'을 경험해본 적 없는 사람들이 애도할 수 있는 최선의 방법은 말이 아닌 행동이라는 것을 그때 다시 느꼈다. 사고가 난 지 3년이 지났지만 노란 리본을 다시 달았다. 프랑스의 철학자 자크 데리다Jacques Derrida 역시 사랑하는 사람을 떠나보내는 일에는 끝이 없다고 했다. 퇴근길에 포털 메인에 뜬 뉴스를 읽었다. '아들 먼저 보내고 감옥 같은 삶'이라는 제목의 기사였다. 지옥철이라 울음을 참아보려 했지만, 기사 마지막에 적힌 "서른네 살 아들을 보낸 엄마의 편지"를 읽는 순간 무너지고 말았다.

죽음이란 무엇일까. 나의 죽음이 정말 두려울까. 철학 수업 시간에 배운 문장이 있다.

"우리가 두려워하는 것은 '나'의 죽음이 아니라 '너'의 죽음이다."

우울이 나를 사로잡았을 때 성산대교에 갔다가 이내 마음을 바꾼 적이 있다. 그런 사람이 있다. 이 사람 없으면 나는 별수 없이 죽겠구나 싶은 사람, 살아갈 의미이자 전부인 사람.

사람이든 동물이든 못다 이룬 꿈이든, 이런 대상이 있으면 쉽게 떠날 수 없다.

진짜 두려운 건 나의 죽음이 아니다. 내 죽음으로 인해 지옥 같은 삶을 살아갈 '너'의 삶이 두렵다. 그래서 만일 죽을 때가 온다면 사랑하는 이들에게 이 세상에 태어나 당신을 만나서 정말 좋았노라고, 같이 숨 쉬고 밥 먹고 이야기할 수 있어서 살아 있음을 느꼈노라고, 더 이상 함께하지 못해 미안하지만 나는 나로서 충분히 살다 가니 아쉬울 게 없노라고, 그러니 당신도 온전히 당신의 남은 삶을 살아가라고, 우리는 그거면 된 거라고 전하고 싶다.

타자들

'본질'이란 이름의 단단한 밑바닥.

그 바위에 이를 때까지 내려가보자.[106]

_소로

    고시원 아르바이트를 하면서 삶에 대해 많이 배웠다. 어딘가로 떠나는 것만이 여행은 아니다. 해보지 않은 일을 하는 것도 여행이고, 낯선 사람을 만나는 것도 여행이다. 읽어보지 못한 책을 만나는 것도 여행이며, 삶을 갑자기 낯설게 보는 것도 여행이다. 눈물 나는 타인들을 보고 내가 얼마나 오만한 생각을 했는지 비로소 알았다.

    한 달에 한 번씩 경찰이 찾아오고, 누군가에게 쫓기듯이 사는 사람들. 자신의 잘못이든 아니든 그저 다 자기 탓이라 여기는 사람들. 일을 하다 떨어져 한쪽 다리를 잃은 내 또래의 청년이 있었다. 그는 나머지 다리로 계속 자전거를 탔다. 완주를 하고 왔다며 태연하게 웃는 그를 보며 경외심을 느꼈다. 그에게 자전거는 어떤 의미였을까. 방은 자전거 놓을 데가 마땅치 않아 고시원 입구 안쪽에 겨우 세워놓았던 그 자전거. 그 앞에서 웃으며 사진을 찍어달라던 그가 가끔 생각난다.

타인의 뒷모습이 눈에 들어오는 순간이 있다. 고시원 총무실에서 보는 CCTV 화면 속 뒷모습이 그랬다. 공동 주방에서 홀로 컵라면을 먹는 사람들. 그들은 서로 말을 하지 않았다. 간혹 청소하러 들어간 나를 보고도 시선은 허공으로 흩어졌다. 그곳에서도 온갖 소문과 억측들이 난무했다.

－106호 아가씨는 매일 새벽에 들어온다더라.
－808호 아저씨는 며칠째 술만 먹고 있다더라.

어쩌다 수급자 신청에 필요한 고시원 거주 확인 서류를 떼러 와서도 그들은 나와 눈을 맞추지 못했다.

나는 외치고 싶었다. 당신은 살아 있다고. 왜 죽은 것마냥 움직이냐고. 우리가 이렇게 사는 게 부끄러울 일인가. 당신들이 여기에 살고 내가 이 장소에서 일하는 게 부끄러운 일인가.

노래를 부르며 살고 싶지만 당장 생계 때문에, 고시원 한 달 방 값 25만 원을 내기 위해 하기 싫은 일을 한다던 20대 청년이 있었다. 내가 근무한 고시원은 에어컨이 천장에서 동시에 가동됐는데 그의 방만 시원하지 않았다. 에어컨 수리 업체를 불렀지만 소용없었다. 천장을 다 뜯는 대공사를 해야 한다고 했다. 미안한 마음에 조그만 냉동기를 하나 사다 주었는데 시원하지는 않았다. 미안해하는 나에게 그가 말했다.

"포기하면 편해요."

이 말이 잊히지 않는다. 이것이 그만의 생존 방법이었다.

이런 노동에는 사람을 성찰하게 하는 힘이 있다. 예전처럼 직장생활을 했다면 절대 느끼지 못할 감정이었다. 지금 생각해보니 그것은 그들과 같은 나를 바라보는 어찌하지 못하는 울컥임이었다. 누구나 존중할 만한 각자의 삶을 영위하고 있다는 자각을 심어준 그때의 노동이 나에게는 내 삶을 낯설게 보는 여행이었다. 인간과 나 자신에 대한 사유를 조금이나마 확장해주었으니 말이다.

○

우리는
마주침의
산물

상견과 단견

> 결정적으로 존재한다는 것은 항상 됨(常見, 상견)에 집착하는
> 것이고, 결정적으로 존재하지 않는다는 것은 단견(斷見)에 집
> 착하는 것이다. 그러므로 지혜로운 사람은 있다거나 없다는
> 데 집착해서는 안 된다.[107]

제2의 싯다르타, 대승불교 여덟 종파의 시조, 불교 역사상 가장 탁월한 이론가라 불리는 나가르주나는 세상을 바라보는 헛된 시각을 두 가지로 정리했다. 바로 상견과 단견이다.

상견은 세상은 어차피 변하지 않는다고 믿는 것이다. 불변하니 개입해도 소용없으며, 그 작용은 실체의 본성에서 나온

다고 단정짓는다. 인도철학에서는 상견을 인중유과因中有果라고 부른다. 원인 속에 결과가 있다는 뜻이다. 다시 말해 지금 당신이 잘나가는 것은 당신이 잘해서이고 그 삶은 필연이라는 것이다. 과연 그럴까.

나가르주나는 '있음'에 집착하면 상견에 빠진다고 했다. 지금 당신에겐 직장도 있고 돈도 있고 사랑하는 가족도 있고 배우자도 있고 자식도 있다, 그러면 이 상태에 감사하며 최선을 다해 살면 된다. 하지만 곧 '있음'에 집착하게 된다. 직장도 돈도 있어야만 하고 배우자도 자식도 잘나가는 상태로 있어야만 한다. 직장에서 부장으로 잘나가는 것은 자신이 열심히 했기 때문이고, 앞으로도 당신의 운명은 이 '있음'의 지속일 것이라 생각한다. 상견에 빠진 것이다. 이러다 보면 자신이 원하는 만큼 있지 않을 때 큰 괴로움에 직면한다.

그렇다면 단견은 무엇인가. 나가르주나는 '없음'에 집착하면 단견에 빠진다고 했다. 단견으로 세상을 보면 이 세상은 어차피 빠르게 다 변한다. 그러니 당신이 개입할 필요가 없다. 더 큰 힘이 세상을 변화시킬 테니까. 인도철학에서는 이 단견을 인중무과론因中無果論으로 설명한다. 원인에는 결과가 없다는 뜻이다. 삶은 밑도 끝도 없이 다 우연이라는 뜻이다.

직장에서 하루아침에 잘리고, 모아놨던 돈이 다 날아가고, 사랑했던 사람들이 다 떠날 수도 있다. 이렇게 있는 그대로 '없음'을 바라보고 다시 일어서면 된다. 그러나 이 '없음'에 집착하면 단견에 빠지고 결국 허무에 다다른다. 아무리 열심히 해봤자 다 소용없다고 말이다.

사고는 예고 없이 찾아온다. 아무리 이전까지 신체적으로 건강했던 사람도 극복할 수 없는 시련을 겪거나 사고로 크게 다치면 오직 죽음만을 찾는 사람으로 바뀔 수 있다. 언제든 어찌할 수 없는 영역이 있음을 인지하고 그런 순간에 상견이나 단견으로 빠지는 것을 절연하는 연습이 필요하다. 그래서 나가르주나는 지혜로운 사람은 '있음'이나 '없음'에 의지하지 않는다고 말한 것이다.

그대는 유有나 무無가 각각 결정적인 상相을 갖는다고 하는데 만일 그런 식으로 단견이나 상견을 갖게 되면 죄나 복 따위도 없어지며 세상만사가 모두 파괴된다. 그러므로 그런 견해는 버려야 한다.[108]

그렇다면 삶은 대체 뭘까. 나가르주나는 삶이 공空한 것이라고 했다. 이 '공'은 아마도 상견과 단견의 중간 즈음일 것이다. 그의 책 제목이 《중론》인 이유도 바로 이 때문이다. 이 책에서 나가르주나는 '공'은 '인연'으로 인해서 만들어진다고 했다. 우리가 자주 쓰는 그 말, '인연因緣'의 인因은 직접적인 원인이고 연緣은 간접적인 조건이다. 삶은 100퍼센트 필연도, 100퍼센트 우연도 아니다. 인연으로 인한 마주침이다. 직접적인 노력인 '인'으로 아무리 열심히 해도 간접적인 조건인 '연'이 닿지 않으면 원하는 것을 성취하지 못할 수 있다. 그 반대도 마찬가지다.

내가 인이 될지 연이 될지 모르니, 일단은 최선을 다해 살자는 것이 나가르주나의 철학이다. 우리는 어차피 죽는데 왜 사는가, 혹은 우리는 어차피 변하지 않는데 왜 최선을 다하는가에 대한 명쾌한 답이다.

> 마주침은 순간적일 수도 지속적일 수도 있다. 필요한 것은 지속되는 마주침이다.[109]
>
> _알튀세르

실존이란 외재적인 마주침을 통해 스스로 변할 수 있는 자유로운 주체다. 그러기 위해서는 '비움'과 '집착 없음'이 동시에 전제돼야 한다. 이는 동서양을 초월하는 철학이다. 나가르주나가 세상을 '공'으로 보고, 장자가 '비움'을 강조하고, 마르크스가 '마주침으로 인한 사람들의 연대'를 중요시하고, 레비나스가 '타자와의 책임'을 강조하고, 알튀세르가 '지속적인 마주침'을 그토록 강조한 이유가 바로 그것이다.

직면

　　벗들이여, 슬퍼하지 마시오. 한탄하지 마시오.

　　무릇 사랑하는 사람과는 헤어지지 않으면 안 된다고 하지 않

　　았소.

　　어쩔 도리가 없는 것이오.

　　모든 태어난 것, 이루어진 것, 만들어진 것, 그것은 멸하는 법

　　이오.[110]

　싯다르타의 마지막 가르침은 무상無相에 직면하는 것이었
다. 그는 특히 중단 없이 무상에 정진하라고 했다. 말 그대로
직시하는 거다. 퇴근 후 편한 복장으로 동생과 저녁을 먹으며

이런저런 이야기를 하다가 문득 '아, 내일도 이 친구와 이런 이야기를 하고 싶다. 다음 날도 그다음 날도'라는 생각을 한 적이 있다. 이 시간의 반복이 영원하지 않다는 생각에 눈물이 차올랐던 적도 있다. 그래서 괜히 더 감사하게 느껴지는 어찌 하지 못하는 이런 감정들.

어느 날 우연히 자신의 새하얀 머리칼 한 올을 발견했을 때, 뜬금없이 부모님의 주름이 선명하게 보일 때 가슴이 뭉클했 다면 우리는 무상을 직시한 거다. 나의 나이 듦이 아쉬운 것이 아니라 아직도 내가 건강히 살아 있다는 것을 새삼스럽게 느 낄 때, 부모님께 내가 늙어가는 모습을 보여줄 수 있음에 감사 해질 때 말이다.

늙어간다는 것과 죽어간다는 것의 의미를 철학자들의 언어 에서 다시 배운다. 그들의 언어의 옷을 입고 세상에 나가면 보 이지 않았던 것들이 보이기 시작한다. 그러나 현대화된 불안 은 당연한 것을 당연하게 보지 못하게 한다. 죽음으로 다가가 는 생을 거부하고 늙어가는 것의 지연을 부추긴다. 그 모습은 가련하다.

불안한 속삭임들을 뒤로하자 미지근했던 삶이 뜨거워지기

시작했다. 내 앞에 있는 사람과의 대화도 뜨거워졌다. 행여나 불안이 다시 찾아오면 나는 철학자들의 언어를 찾는다. 죽음과 소멸의 공포에 포섭되지 않고 그에 대항할 수 있는 나만의 밑천을 오늘도 부지런히 찾고 있다.

누군가를 잃은 아픔을 가진 자가 싯다르타에게 도움을 청했다. 아픈 마음을 극복할 수 있는 방법을 알려달라고. 싯다르타는 그에게 마을을 한 바퀴 돌면서 혹여 '사랑하는 사람을 잃지 않은 집'을 발견하면 그 집에서 겨자씨를 가져오라고 말한다. 그러면 아픔을 없앨 수 있는 답을 알려주겠다고. 답을 마친 싯다르타는 홀연히 사라진다.

마을을 돌다 보면 이 집에 가도 나와 비슷한 아픔을 가진 자들이 존재하고, 저 집에 가도 누군가를 보낸 허함이 존재하는 것을 볼 수 있다. 그리고 비로소 알게 된다. 사람은 누구나 다 죽는다는 것을. 누구나 아는 그 사실을 진짜 피부로 느끼게 되는 것이다. 있는 그대로 보다 보면 진짜가 보인다. 이게 싯다르타가 강조한 직면이고 무상을 보라고 한 이유다.

○ **알면
보인다**

역지사지

> 이제 나도 추상의 세계에서 빠져나와 현실의 사람들, 좋든 나
> 쁘든 간에 진실한 선량함과 악의를 두루 갖춘 사람들 속에
> 섞여 있다는 기분이 든다.[111]

시몬 베유라는 철학자가 있다. 그녀가 살던 당시의 유럽은
파시즘으로 가득했고 노동자를 향한 탄압이 거셌다. 스물다
섯 살이었던 그녀는 입으로만 노동자를 옹호하는 자신을 버
리고 직접 육체노동에 뛰어든다. 전기 공장, 자동차 공장에서
일하며 동료 노동자들이 겪는 박탈감의 실체를 글로 폭로한
다. 이렇듯 자신이 몸소 겪으면 타인의 고통이 더 잘 보인다.

한 달 평균 8백여 통. 단체에서 상담 일을 할 때 받은 콜 수다. 하루에 전화 통화를 40번 이상 한 셈이다. 해본 사람만 안다. 처음에는 그들의 고민이나 고통을 온몸을 다해 해결해주고 싶지만, 이내 한계가 온다. 그래서 같은 종류의 고민 전화가 오면 유관기관에 넘기기도 한다.

그날도 밀려드는 전화에 내 영혼은 가출한 지 오래였다. 양손으로 전화를 받아가며 고군분투하던 그때, 전화기 너머에서 망연자실한 목소리가 들렸다.

"거기에서도 자기들 소관이 아니라는데…. 도대체 나는 누구에게 물어봐야 하나요?"

그때 알았다. 나에게는 여러 번이었지만 그들은 처음이었다. 그래서 내가 택한 방법은 문자를 보내는 거였다. 질문들에 대비한 답변들을 미리 작성해놓고 전화가 오면 문자로 답하는 거였다.

몸이 한계치에 다다르면 '어쩔 수 없음의 영역'이 있다는 것을 겪어보고야 알았다. 관공서에 전화하면 상담을 여기저기로 미루는 경우가 있다. 그때는 나도 그저 업무 태만이라 생각했다. 그러나 그들도 내가 겪은 이 '어쩔 수 없음의 영역'에 있었던 건 아니었을까 하는 생각이 든다. 이제야 그게 보인다.

영업 일을 할 때였다. 거래처에서 전화가 온다. 온갖 종류의 시달림이 시작된다. 분명히 서로는 안다. 안달복달해봐야 소용없다는 것을. 그래도 상대는 끝까지 간다. 원하는 것을 이룰 때까지. 거래처와 내가 속한 조직의 상황을 조율해야 하는 중간자 입장에서는 여간 곤혹스러운 일이 아니다.

그런데 여기에 더 큰 문제가 있다. 우리 같은 중간 실무자들에게는 상황을 컨트롤할 수 있는 힘이 없다는 점이다. 마음은 문제를 해결해주고 싶지만 재량이 없으니 샌드위치 속 햄처럼 이도 저도 못 하는 신세가 되고 만다. 그러니 거래처에서 선사하는 다채로운 '갑질'을 온몸으로 맞을 수밖에. 사실 그러는 거래처가 미운 것만은 아니다. 그들도 윗사람의 압박으로 움직일 뿐이니까. 일이라서 그러는 것일 뿐이니까.

이럴 때 진정한 리더가 필요하다. 리더는 먼저 보는 사람이고 그 길을 먼저 걸은 사람이다. 누구보다 이런 고충을 잘 아는 사람이기도 하다. 그렇다면 중간 실무자에게 조금이라도 재량을 주거나 문제 해결 방법이라도 제시해야 하는데 현실은 그렇지가 않다. 은근슬쩍 자리를 피하거나 두루뭉술하게 지시를 내리면서 상황을 회피하는 상사들이 그렇다. 심한 경우 되레 그런 상황 하나 해결 못 해서 자기까지 나서야 하느냐며 화를 낸다. 진정한 리더가 많아졌으면 좋겠다. 오늘 하루도 자신의 생계를 위해 고군분투하는 중간 실무자들의 삶을 위해서 역지사지할 수 있는 리더가 많아졌으면 한다.

침묵이 위로가 될 때

하소연할 곳이 없어 내 아픔을 털어놓지 못한 적도 있고, 반대로 그런 사람을 만난 적도 있다. 그때 내가 건넨 위로는 침묵이었다. 삶을 도외시하게 만드는 형이상학적인 질문에 침묵하자고 했던 싯다르타, 말할 수 없는 것에는 침묵하자던 비트겐슈타인처럼 말이다.

고시원에서 총무로 일하며 고시공부를 하던 어느 날 824호에 사는 여성 회원에게 전화가 왔다.

"총무님 지금 어디세요?"

"저 지금 도서관이에요. 오늘은 고시원에 나가지 않아요. 무슨 일 있으세요?"

"아니, 아니에요…. 수고하세요."

견딜 수 없을 만큼 사람과 이야기하고 싶을 때가 있다. 그런데 막상 전화기를 들면 누구한테 해야 할지 몰라 방황한다. 나는 늘 그랬다. 번호만 누르면 '사람'의 목소리를 들을 수 있는데 차마 통화 버튼을 누를 수 없었다. 사기를 당해 전 재산을 날린 이후로 3년 동안 사람들과 단절하며 지냈다.

대화 상대는 가족뿐이었다. 옛 친구, 한때 사랑했던 사람, 많이 의지했던 동료들. 그 누구에게도 바뀐 전화번호를 알리지 않았다. 떠나갈 사람은 그대로 떠나보냈다. 시간이 필요했다. 그게 3년이나 걸릴 줄은 몰랐다.

고독의 시간은 누구에게나 필요하다. 우리는 경주마가 아니다. 때때로 쉬어야 한다. 모든 걸 다 내려놓고, 필요하다면 모든 사람과 연락을 끊는 한이 있더라도 멈춰야 한다. 만일 그때 멈추지 않으면 숨 쉬는 것조차 힘들어진다.

그날 그녀의 목소리에서도 사람을 갈망하는 느낌이 전달됐다. 사실 그때까지 그녀와 나는 고시원 총무와 투숙객일 뿐이었다. 오며 가며 인사하는 정도였을 뿐 그 이상의 사이가 아니었다. 전화가 온 것도 이상한데 목소리도 평소와 달라 급히 내가 전화를 했다. 아니나 다를까 그녀는 울고 있었다.

나보다 다섯 살 많았던 그녀는 30여 년 자신의 역사를 들려주었다. 자신이 어떻게 고시원에 오게 되었는지부터 아픈 가족사까지. 어릴 때 친엄마와 헤어지고 새어머니와 함께 살았고, 온갖 학대를 받아가면서도 버텼다는 그녀. 그녀의 새어머니는 한겨울에도 뜨거운 물을 틀어주지 않았다고 했다.

그제야 모든 퍼즐이 맞춰졌다. 그녀는 찬물을 극도로 싫어했다. 고시원 건물이 낡아 보일러도 덩달아 자주 고장이 났는데, 그럴 때마다 그녀는 혹시 따뜻한 물 나오는 빈 방이 있으면 잠시 써도 되냐고 사정을 했다.

최근에 그 새어머니가 그녀의 전 재산을 들고 자취를 감췄고, 그래서 오도 가도 못 하는 신세가 되어 이곳까지 오게 된 거라 했다. 사실 그녀는 고시원 방세도 3개월 넘게 밀린 상태였다. 건물주는 나에게 미수금을 받아내라 재촉했다. 하지만 나는 그런 말을 꺼낼 수가 없었다. 그녀가 물었다.

"내가 왜 살아야 할까요?"

그녀는 자살을 구체적으로 계획하고 있었다. 한동안 수면제를 먹으며 억지로 잠을 청했지만 최근에는 그마저도 약발이 떨어져 잠을 못 잤다고 했다. 설상가상으로 믿었던 사람들에게 배신도 당했다고 했다. 그래서 생판 남인 나에게 전화를 한 것이다.

내가 할 수 있는 건 그녀가 다 울기를 기다리는 것뿐이었다. 그녀가 하는 말을, 그 아픈 세월을 귀담아 들어주는 것이 내가 할 수 있는 유일한 일이었다.

미국의 소설가이자 예술평론가 수전 손택Susan Sontag은 좋은 사회의 최우선 조건 중 하나는 사람들에게 주변성을 허락하는 것이라고 했다. 주변 사람들이 차별받지 않고, 비정상과 일탈까지도 포용할 수 있는 사회가 열린 사회라고 말이다. 824호 그녀가 생각나는 문장이다. 그녀에게 내가 잠시나마 기댈 수 있는 주변인이었다면 나 역시도 감사한 일이다.

중국의 소설가 루쉰魯迅은 한 잡문에서 이런 말을 했다. 자애로운 엄마가 있는 것이 행복할지라도, 어미 없는 자식이 되었다 해서 전적으로 불행하다고는 할 수 없다고. 왜냐하면 그는 거꾸로 더욱더 용감하고 장애를 대수롭지 여기지 않는 사람으로 자랄지 모르기 때문이라고 말이다.

그녀가 왜 나한테 전화를 걸 수밖에 없었는지 조금은 알 것 같다. 나도 그랬으니까. 감당할 수 없는 무게가 내 삶에 훅 들어오면 의외로 가까운 이들에게는 그 무게를 내어주고 싶지 않다. 내가 짊어봐서 얼마나 무거운지 아니까.

나도 처음 본 사람에게 주저리주저리 내 무게를 이야기한 적이 있다. 전화번호를 바꾸기 위해 통신사 지점에 갔던 날 넉살 좋은 직원이 물었다. "서른이시네요. 고객님들이 이때 번호를 많이 바꾸시더라고요." 이 말을 듣는 순간 나도 모르게 번호를 바꾸는 사정을 이야기해버렸다.

> 우리는 말하자면 이 세상에 두 번 태어난다. 한 번은 존재하기 위해, 다른 한 번은 살기 위해서다. … 이것이 내가 말하는 제2의 탄생이다. 바로 여기서 인간은 진정으로 인생에 눈을 뜨며 인간적인 모든 것과 인연을 맺게 된다.[112]
>
> _장자크 루소 Jean Jacques Rousseau

타자와의 교감이 필요한 순간이 있다. 루소는 타자와의 교감을 두 번 태어나는 것에 비유했다. 그때를 피하지 마시라. 혹시 지금 이런 감정이라면 오며 가며 들르던 편의점 아르바이트생에게라도 말하자. 그것마저 힘들다면 고개를 들어 하늘을 보자. 하늘과 구름에 대고 자신의 이야기를 해보자. 교감의 대상은 생각보다 많다.

결정론과 운명론의 함정

우리가 자주 듣는 말들이 있다. "사람은 잘 안 변한다." "너는
원래 그렇다." "살던 대로 살아야 한다." "사람이 갑자기 바뀌
면 죽는다." "송충이는 솔잎을 먹고 살아야 한다."

'내가 달라지면 얼마나 달라지겠어.' 이건 진짜 위험한 생각
이다. 과거와 현재의 연속을 전제하는 말이다. 철학은 '이전의
나와 지금의 나는 같다'는 걸 애써 확인함으로써 변화의 가능
성을 지우는 이런 생각은 위험하다고 말한다.

알튀세르는 예전의 나를 지워야 또 다른 내가 탄생할 수 있

다고 말했다. 그가 이런 철학을 정립할 수밖에 없었던 이유가 있다. 알튀세르의 어머니는 강박이 심한 사람이었다. 오죽했으면 자서전에서 "어머니가 지닌 병적인 공포가 내 육체와 자유를 지배했다"고까지 했을까. 그래서인지 알튀세르는 지난 한 과거에서 벗어나고 싶어 했다.

그런 그에게 일생일대의 사건이 등장한다. 1939년 제2차 세계대전에 징집되어 싸우다 독일군의 포로가 되어 5년 동안 수용소에 갇힌 것이다. 그곳에서 그는 모든 비극에도 여전히 아름다운 삶이 있음을, 육체도 생각할 수 있음을, 두려움과 희망은 둘 다 '슬픈 정념'임을 깨닫는다. 그 깨달음에서 나온 철학이 '인식론적 단절'이다. 우연을 부정하는 결정론이나 목적론, 운명론의 함정에 속지 말고 의식적 노력으로 과거, 그리고 이데올로기와 단절하자는 주장이다.

> 보잘것없는 한 인간이 무(無)에서, 그리고 아무 곳에서나, 즉 이미 구성된 모든 국가 체제(이데올로기) 밖에서, 그리고 현존하는 정치방식으로는 그 어떤 통일성의 모습도 제기하지 말고 출발해야 하며, 모든 정세의 우발적 사실성을 파악하고 있어야 한다.[113]

알튀세르는 이데올로기에 장시간 노출되면 이데올로기의 실체를 알지 못한다고 했다. 이게 그 유명한 '이데올로기 효과'다. 이데올로기는 우리의 무의식까지 지배하는 무서운 장치다. 우리는 국가에 의해, 가족에 의해 주체라고 호명된 존재다. 어느 나라 사람, 어느 집안 첫째라고 호명된 주체에서 벗어나려면 앎이 필요하다.

알튀세르는 우연의 마주침을 알라고 한다. 세계와 인간은 필연이 아니라 우연이라고, 모든 현상은 우연의 산물이라고. 각기 다른 비처럼 내리다가도 우연한 촉발을 통해 마주칠 때 혁명이 일어난다. 그때 비로소 사회가 변한다. 알튀세르는 마르크스의 변증법적 유물론이 "우연을 믿는 사람이 필연을 믿는 사람보다 많을 때, 보다 새로운 인간적 세계를 구성할 수 있다"는 주장이었음을 알렸다.

어린 시절 내가 귀신보다 더 무서워했던 건 다름 아닌 이 '우연'이었다. 우연의 영역은 일순간 내 심장을 쪼그라들게 하는 그런 부류의 것이었다. 내 생을 짜여진 퍼즐처럼 여겼던 어린 시절, 나는 우연에 무지했다. 어른들은 필연이라는 퍼즐조각이 어딘가에 보물처럼 숨겨져 있을 것이라 했고, 그걸 찾아서 맞추기만 하면 당연히 행복이 올 거라고 장담했다.

돌이켜보면 도대체 어떤 확신이 그 어른들을 움직였던 건지 모르겠다. 그리 장담했던 어른들 중 일부는 불운이라는 우연 앞에서 사라졌다. 차라리 필연을 믿지 않았다면 그리 허망하게 가지는 않았을 것이다.

철학을 접하고 나서야 알았다. 필연을 믿었던 그 어른들은 상견에 빠져 있었다. 철학은 휘몰아치는 서두름의 향연에 물들었다면 이제 그만 거기서 나오라고 말한다. 그리고 자신을 불편하게 했던 우연과 기꺼이 동거를 시작하라고 한다.

영화 〈굿 윌 헌팅〉에 이런 대사가 나온다.

"네 잘못이 아니야."

당신 잘못이 아니다. 당신이 마주친 것일 뿐 당신 인생에서 원래 결정된 그 무엇이 아니다.

필연을 믿고 자신의 연속성을 가정하면 자신을 극복하기 어렵다. 연속성을 끊고 자신을 극복한다는 것의 의미는 과학적으로도 설명 가능하다. 인간은 끊임없이 변화하는데, 인간의 몸이 새로운 양자로 재편되는 데 걸리는 시간이 6개월이라고 한다. 6개월 후면 우리는 물리적으로는 새로운 인간이라는 뜻이다. 어제의 나와 오늘의 나는 과학적으로도 같을 수가 없다.

사실 사람을 바꾸는 건 지식이 아니다. 내 가슴을 저리게 하고 주저앉아 울게 만드는 것들이 있어야 변할 수 있다. 나를 건드리는 것들이 내 가슴속 접점을 넘어야 비로소 변할 수 있다. 그게 내가 철학을 지식으로 접하지 않은 이유다. 니체를, 마르크스를 지식으로 배웠다면 나는 철학이 지겹고 버거운 그들만의 리그라고 치부했을 것이다. 그러나 사람으로 철학을 보면 그들의 지난한 숙고의 과정에서 나온 성찰의 절규가 들린다. 지금 당장 힘든 나에게 몇백 년 전 사람들의 절규가 들리는 것이다.

내 인생은 여기까지인가 보다 하고 체념하며 살아왔다. 하지만 체념했던 그때의 '나'와 이런 생각을 하는 지금의 '나'는 다른 사람이다. 이것이 바로 우연의 마주침이고 인식론적 단절이다. 철학을 알기 전, 나는 냉소적인 사람이었다. 급기야 '이걸 해서 뭐 하나. 어차피 내 삶은 계속 이대로일 텐데'라는 무기력이 삶 전체를 지배하기도 했다. 지금도 가끔은 모든 게

귀찮고 지겨울 때가 있다. 그럴 때마다 철학은 알려준다. 어제 잠시 냉소했어도 오늘은 그러지 말라고. 내가 철학을 계속 공부하고자 하는 이유이기도 하다.

때로는 답을 찾기 위해서 만난 철학에서 답은커녕 길을 잃어버리기도 했다. 닮고 싶고 갈망하는 철학을 알게 될수록 현실의 내 모습이 애달프고 가련하기 짝이 없었다. 휘청대는 체증과 통증 사이 어딘가에서 주저앉아 방황하도록 내버려둘 뿐이었다. 그런 마주침들이 나에게는 철학이었다.

우리가 만약 고정된 실체이고 변하지 않는다면, 우리는 정해진 운명대로 살아가야 할 것이다. 그러나 우리는 변한다. 고정된 자아도 실체도 존재하지 않는다. 우리를 둘러싸고 있는 건 타자와의 관계이며, 관계 속에서 어떤 삶이 주어지든 자기 삶을 이끌 자유 의지는 누구에게나 있다.

지하철 입구를 통과하며 전광판을 본다. "부천역 도착 예정." 못 탈 것 같다는 생각이 들지만 그래도 뛴다. 있는 힘껏 계단을 내려간다. 열차 문이 열렸는지 사람들이 우르르 올라온다. 잘하면 탈 수 있겠다 싶을 때 눈앞에서 문이 닫힌다. 그래도 후회는 없다. 뛰었다면 타지 않았을까 하는 후회 말이다.

되든 안 되든 최선을 다해보는 것, 이것을 철학이 알려줬다. 우리에게 어떤 인과계열이 만들어질지는 아무도 모른다. 우리는 계속 변하는 중이고 어제의 우리는 오늘의 우리와 다르니 말이다. 우리를 지나쳐간 수많은 인과계열이 어떤 마주침으로 다가올지 모른다. 그건 2천 년 전 사람들도 몰랐고 지금 사람들도 모른다. 그냥 가는 거다. 우리만의 철학으로 우리 선에서 최선을 다하면 된다.

철학이 내게 준 것들로 오늘도 간신히 살아가고 있다. 일상으로 흘려보낸 것들을 다시 들여다본다. 그리고 평범이라 치부했던 일상에 비범이라는 이름표를 다시 붙여주었다. 나를 움직이게 해준 철학이 고맙다. 이 고마운 철학에게 나는 다짐한다. 질문을 멈추지 않을 것이며, 내 생을 다시 붙잡을 것이라고. 무엇을 하든 자발적 선택을 할 것이며, 혹여나 비련한 아우성 속에서 다시 질식하더라도 이제는 용기를 잃지 않을 것이라고 말이다.

을乙의 철학

1장

1   프리드리히 니체. 김미기 역. 2002.《인간적인 너무나 인간적인 II》. 책
    세상. pp. 14-5

2   카를 마르크스. 강유원 역. 2006.《경제학-철학 수고》. 이론과 실천. p.
    13

3   앞의 책. p. 14

4   발터 벤야민. 심철민 역. 2017.《기술적 복제시대의 예술작품》. 비. p.
    75

5   루트비히 비트겐슈타인. 변영진 역. 2015.《비트겐슈타인 철학일기》.
    책세상. p. 126

6   마르크스, 프리드리히 엥겔스. 김대웅 역. 2015.《독일 이데올로기》.
    두레. pp. 92-3

7   마르크스, 엥겔스. 정우창 역. 1990.《신성 가족》. 이웃. p. 192

8   니체. 시라토리 하루히코 편역. 박미정 역. 2014.《니체의 말 II》. 삼호
    미디어. p. 49

9   혜연. 정성본 역. 2003.《임제어록》. 한국선문화연구원. p. 127

10   프랜시스 윈. 정영목 역. 2001.《마르크스 평전》. 푸른 숲. pp. 528-9

11   마르크스. 강유원 역. 2006.《경제학-철학 수고》. 이론과 실천. p. 181

12   마르크스. 김수행 역. 1989.《정치경제학 비판 자본론 I [상]》. 비봉출판사. pp. 6-8

13   유시민. 1992.《부자의 경제학 빈민의 경제학》. 푸른나무. pp. 148-88

14   마르크스. 김수행 역. 1989.《정치경제학 비판 자본론 I [상]》. 비봉출판사. p. 223

15   니체. 이진우 역. 2005.《니체전집: 1885년 가을-1887 가을》. 책세상. p. 141

16   와타나베 이타루. 정문주 역. 2014.《시골빵집에서 자본론을 굽다》. 더숲.

17   폴 라파르그. 조형준 역. 2014.《자본이라는 종교》. 새물결 출판사. p. 76

18   마르크스, 엥겔스. 김대웅 역. 2015.《독일 이데올로기》. 두레. p. 54

19   앞의 책. p. 71

2장

20   앞의 책. p. 72

21   에리히 프롬. 장혜경 역. 2016.《나는 왜 무기력을 되풀이하는가》. 나무생각. p. 48

22   김서영. 2017.《프로이트의 편지》. 아카넷. p. 45

23   스피노자. 강영계 역. 1990.《에티카》. 서광사. p. 153

24   문광훈. 2014.《가면들의 병기창-발터 벤야민의 문제의식》. 한길사.

pp. 190-1

25   신동원, 김남일, 여인석 공저. 1999.《한권으로 읽는 동의보감》. 들녘.
      p. 20

26   루이 알튀세르. 서관모. 백승욱 편역. 1997.《철학에 대하여》. 동문선.
      p. 80

27   알튀세르. 서관모. 백승욱 편역. 2010.《맑스주의 철학》. 중원문화. pp.
      59-60

28   질 들뢰즈. 서동욱. 이충민 역. 1997.《프루스트와 기호들》. 민음사. p.
      73

29   프롬. 장혜경 역. 2016.《나는 왜 무기력을 되풀이하는가》. 나무생각.
      p. 62

30   홍문화. 1990.《뜻으로 쉽게 풀이한 동의보감》. 실크로드. p. 206

31   혜연. 정성본 역. 2003.《임제어록》. 한국선문화연구원. p. 117

32   오찬오. 2013.《우리는 차별에 찬성합니다》. 개마고원 p. 69

33   니체. 이진우 역.《니체전집 1885년 가을-1887년 가을》. 책세상. p. 32

34   프루스트. 김희영 역. 2015.《잃어버린 시간을 찾아서》. 민음사. p. 135

35   장 폴 사르트르. 현대유럽사상연구회 역. 2017.《자아의 초월성》. 민음
      사. p. 48, 65

36   비트겐슈타인. 이윤 엮음. 2015.《비트겐슈타인의 인생 노트》. 필로소
      픽. p. 65

37   니체. 시라토리 하루히코 편역. 박미정 역. 2014.《니체의 말Ⅱ》. 삼호
      미디어. p. 206

38   프롬. 장혜경 역. 2016.《나는 왜 무기력을 되풀이 하는가》. 나무생각.
      p. 73

3장

39 마르크스. 김수행 역. 1989.《자본론 Ⅰ(상)》. 비봉출판사. p. 197

40 장 보드리야르. 이상률 역. 1991.《소비와 사회》. 문예출판사. p. 20, 70

41 마르크스. 강유원 역. 2006.《경제학-철학 수고》. 이론과 실천. p. 75

42 니체. 시라토리 하루히코 편역. 박미정 역. 2014.《니체의 말 Ⅱ》. 삼호
미디어. p. 104

43 니체. 김미기 역. 2001.《니체전집: 인간적인 너무나 인간적인》. 책세
상. p. 98

44 마르크스. 강유원 역. 2006.《경제학-철학 수고》. 이론과 실천. pp.
176-7

45 소로. 캐럴 스피너드 라루소 엮음. 이지형 역. 2014.《나는 어디서 살
았으며 무엇을 위해 살았는가》. 흐름출판. p. 175

46 소로. 김율희 역. 2015.《월든》. 푸른책들. pp. 120-1

47 라파르그. 조형준 역. 2005.《게으를 수 있는 권리》. 새물결 출판사. p.
37

48 앞의 책. p. 145

49 소로. 김율희 역. 2015.《월든》. 푸른책들. p. 92

50 소로. 캐럴 스피너드 라루소 역음. 이지형 역. 2014.《나는 어디서 살
았으며 무엇을 위해 살았는가》. 흐름출판. p. 174

51 니체. 시라토리 하루히코 편역. 박미정 역. 2014.《니체의 말 Ⅱ》. 삼호
미디어. p. 259

52 들뢰즈. 서동욱. 이충민 역. 1997.《프루스트와 기호들》. 민음사. p.
145

53 레프 니콜라예비치 톨스토이. 최충림 엮음. 1999.《참된 행복》. 오늘의
책. p. 6, 15

4장

54 마르크스. 강유원 역. 2006. 《경제학-철학 수고》. 이론과 실천. p. 24

55 앞의 책. p. 83

56 니체. 김미기 역. 2001. 《니체전집: 인간적인 너무나 인간적인》. 책세상. p. 16

57 앙리 베르그손. 윤원근 역. 2008. 《창조적 진화》. 주니어 김영사. p. 54

58 마르크스, 엥겔스. 이진우 역. 2002. 《공산당 선언》. 책세상. p. 16

59 마르크스. 강유원 역. 2006. 《경제학-철학 수고》. 이론과 실천. pp. 89-90

60 니체. 2004. 《니체전집: 아침놀》. 책세상. p. 9

61 조영래. 1983. 《전태일 평전》. 돌베개. p. 127, 191

62 니체. 정동호 역. 2000. 《차라투스트라는 이렇게 말했다》. 책세상. p. 142

63 사마천. 이성규 편역. 1987. 《사기: 노장신한열전》. 서울대학교출판부. pp. 567-8

64 니체. 홍성광 역. 2011. 《도덕의 계보학》. 연암서가. p. 19

5장

65 들뢰즈. 김상환 역. 2004. 《차이와 반복》. 민음사. p. 548

66 빅터 프랭클. 이시형 역. 2005. 《죽음의 수용소에서》. 청아출판사. pp. 121-2

67 니체. 시라토리 하루히코 편역. 박미정 역. 2014. 《니체의 말 II》. p. 19

68 사르트르. 정소성 역. 1994. 《존재와 무 I》. 동서문화사. pp. 240-2

69   앞의 책. p. 288

70   장자. 김학주 역. 2010.《장자 역주: 지락》. 연암서가. p. 433

71   들뢰즈. 서동욱, 이충민 역. 1997.《프루스트와 기호들》. 민음사. p. 27

72   앞의 책. p. 72

73   장자. 조근태 역. 1999.《장자》. 현암사. p. 111

74   니체. 시라토리 하루히코 편역. 박미정 역. 2014.《니체의 말 Ⅱ》. p. 251

75   들뢰즈. 서동욱, 이충민 역. 1997.《프루스트와 기호들》. 민음사. p. 145

76   이지. 김혜경 역. 2007.《속 분서》. 한길사. p. 243

77   니체. 이필렬, 임수길 역. 1992.《니체전집: 서광》. 청하. pp. 97-8

78   나가르주나. 김성철 역. 1993.《중론》. 경서원. p. 414

79   프롬. 원창화 옮김. 1998.《자유로부터의 도피》. 홍신 문화사.

80   니체. 시라토리 하루히코 편역. 박미정 역. 2014.《니체의 말 Ⅱ》. p. 103

6장

81   비트겐슈타인. 이영철 역. 2006.《논리-철학 논고》. 책세상. pp. 116-7

82   비트겐슈타인. 이승종 역. 2016.《철학적 탐구》. 아카넷. pp. 503-4

83   비트겐슈타인. 이영철 역. 2006.《확실성에 관하여》. 책세상. p. 146

84   비트겐슈타인. 이윤 엮음. 2015.《비트겐슈타인의 인생노트》. 필로소픽. p. 253

85   스피노자. 강영계 역. 1990.《에티카》. 서광사. p. 153

86   앞의 책. p. 110

87   안토니오 다마지오. 임지원 역. 2007.《스피노자의 뇌》. 사이언스북스.
      p. 48

88   프롬. 장혜경 역. 2016.《나는 왜 무기력을 되풀이 하는가》. 나무생각.
      p. 84

89   임제. 정성본 역. 2003.《임제어록》. 한국선문화연구원. p. 117

90   들뢰즈. 김상환 역. 2004.《차이와 반복》. 민음사. p. 67

91   칸트. 백종현 역. 2017.《판단력 비판》. 아카넷. p. 64

92   이지. 김혜경 역. 2007.《속 분서: 성교소인》. 한길사. p. 243

93   스피노자. 강영계 역. 1990.《에티카》. 서광사. pp. 154-5

94   라캉. 권택영 외 엮음. 1994.《욕망이론》. 문예출판사. p. 84

7장

95   문정희. 2016.《지금 장미를 따라》. 민음사. p. 18

96   니체. 홍성광 역. 2011.《도덕의 계보학》. 연암서가. p. 63

97   한나 아렌트. 윤철희 역. 2016.《한나 아렌트의 말》. 마음산책. p. 29

98   알튀세르. 서관모, 백승욱 역. 2010.《맑스주의 철학》. 중원문화. p. 44

99   왕충. 이주행 역. 1987.《논형》. 소나무. p. 81

100   앞의 책. pp. 81-2

101   들뢰즈. 서동욱, 이충민 역. 1997.《프루스트와 기호들》. 민음사. p. 27

102   앞의 책. p. 27

103   앞의 책. p. 73

104   강신주. 2006.《철학, 삶을 만나다》. 이학사. p. 210

8장

105 비트겐슈타인. 이영철 역. 2006.《논리-철학 논고》. 책세상. pp. 116-7

106 소로. 캐럴 스피너드 라루소 엮음. 이지형 역. 2014.《나는 어디서 살았으며 무엇을 위해 살았는가》. 흐름출판. p. 26

107 나가르주나. 김성철 역. 1993.《중론》. 경서원. p. 257

108 앞의 책. p. 259

109 알튀세르. 서관모, 백승욱 역. 2010.《맑스주의 철학》. 중원문화. p. 44

110 와타나베 쇼코. 법정 역. 2002.《불타 석가모니》. 동쪽나라. p. 501

111 시몬 베유. 박진희 역. 2012.《시몬 베유 노동일지》. 리즈앤북. p. 46

112 루소. 정병희 역. 2016.《에밀》. 동서문화사. pp. 282-3

113 알튀세르. 서관모, 백승욱 역. 1997.《철학에 대하여》. 동문선. p. 85